Yvonne Augustin

Episodisches Erzählen im Film

Alejandro González Iñárritus Filmtrilogie
AMORES PERROS, 21 GRAMS und BABEL

FILM- UND MEDIENWISSENSCHAFT

Herausgegeben von Irmbert Schenk und Hans Jürgen Wulff

ISSN 1866-3397

Yvonne Augustin

EPISODISCHES ERZÄHLEN IM FILM

Alejandro González Iñárritus Filmtrilogie
AMORES PERROS, 21 GRAMS und BABEL

ibidem-Verlag
Stuttgart

Bibliografische Information der Deutschen Nationalbibliothek
Die Deutsche Nationalbibliothek verzeichnet diese Publikation in der
Deutschen Nationalbibliografie; detaillierte bibliografische Daten sind im
Internet über http://dnb.d-nb.de abrufbar.

Bibliographic information published by the Deutsche Nationalbibliothek
Die Deutsche Nationalbibliothek lists this publication in the Deutsche Nationalbibliografie;
detailed bibliographic data are available in the Internet at http://dnb.d-nb.de.

Coverbild: Image licensed by Ingram Publishing

∞

Gedruckt auf alterungsbeständigem, säurefreien Papier
Printed on acid-free paper

ISSN: 1866-3397

ISBN-13: 978-3-8382-0335-5

© *ibidem*-Verlag
Stuttgart 2012

Alle Rechte vorbehalten

Printed in Germany

Inhaltsverzeichnis

Abbildungsverzeichnis

Tabellenverzeichnis

A. Einführung in die Thematik

I. Hinführung zum Thema und Zielstellung der Studie: Episodisches Erzählen im Kino – eine neue Mode?

Eine Trilogie, drei Spielfilme, drei Kontinente, drei Unfälle, 126 Nominierungen, 97 Preise und Auszeichnungen auf internationalen Festivals, darunter neun Oscarnominierungen, ein Oscargewinn, fünf Preise in Cannes, drei in Venedig sowie ein Golden Globe für das beste Drama. Eine beeindruckende, wenn auch gleichermaßen sehr reduzierte und einseitige Beschreibung des bemerkenswerten Werkes des jungen mexikanischen Regisseurs Alejandro González Iñárritu. Er ist mit dem Erfolg seiner episodisch erzählten Filme jedoch bei weitem nicht alleine in der aktuellen Kinolandschaft. Denn ganz ähnlich verhält es sich mit anderen Filmen des neuen Jahrtausends, die sich das narrative Prinzip des Episodischen zu Eigen gemacht haben: MAGNOLIA[1] (Paul Thomas Andersson, 1999) erhielt im Jahre 2000 neben dem prestigeträchtigen Goldenen Bären in Berlin 17 weitere internationale Auszeichnungen und wurde für drei Oscars® nominiert, TRAFFIC (Steven Soderbergh, 2000) gewann im Jahr darauf neben einer weiteren Nominierung in der Kategorie *Bester Film* gleich vier der begehrten Statuen und zwar unter anderem in Kategorien, die durchaus dem Bereich der Dramaturgie zugehörig sind, nämlich der des *Besten Drehbuches* und des *Besten Schnitts*. Nur drei Jahre später sollte erneut ein episodisch erzählter Film zu den Gewinnern der Oscarverleihung gehören. CRASH (Paul Haggis, 2004) wurde ebenfalls für den *Besten Schnitt* sowie für das *Beste Originaldrehbuch* ausgezeichnet und triumphierte sogar in der Königskategorie *Bester Film*. Diese Liste ließe sich beliebig lang fortsetzen. Um den Erfolg dieser Filme jedoch angemessen beurteilen zu können, erscheint noch ein weiterer Faktor ausschlaggebend: die Reaktion des Publikums. Doch auch hier korrespondieren die Einnahmen mit den Erfolgen bei der Kritik. Wenngleich auch CRASH mit rund 54,5 Millionen Dollar Brutto-Einspieleinnahmen Lichtjahre entfernt zu sein scheint von dem Rekordhalter AVATAR

---

[1] Soweit nicht anders vermerkt, werden Filme immer mit ihrem Originaltitel genannt.

(James Cameron, 2009) mit 2,5 Milliarden Dollar, so bewegt er sich doch, wie auch seine „Artgenossen", im oberen Mittelfeld der Einnahmen.[2]

Diese kurze Darstellung zeugt bereits von dem beachtlichen Erfolg, den episodisch erzählte Filme zu haben scheinen. Was macht diesen Erfolg aus und warum ist eine so starke Zunahme dieses narrativen Prinzips seit den 90er Jahren zu beobachten?[3] Margrit Tröhler stellt fest: „Obwohl mosaikartige Erzählformen im Vergleich zu den nach wie vor dominierenden Einzelhelden in Actionfilmen und zur Konzentration auf individuelle Portraits in Fernsehreportagen marginal erscheinen mögen, kristallisieren sie sich zu einer Tendenz im audiovisuellen Bereich."[4] Ist ihre Häufung nur ein modischer Tick, wie gerade Iñárritu, unter anderem von Franz Everschor in seiner Kritik zu BABEL, besonders nach seinem dritten episodisch erzählten Film in Folge, vorgeworfen wurde?

Nun zum dritten Mal von Iñárritu benutzt und allmählich mehr zur Marotte werdend als zur hilfreichen filmischen Struktur, lässt auch die Parallelmontage von mehreren Geschichten Fragen über ihre Angemessenheit aufkommen. Nachdem „LA Crash" sich derselben Technik bedient und damit sogar bei den Akademiepreisen Erfolg hatte, rutscht die Methode eher zum modischen Attribut ambitionierter Filmemacher ab. [...] Ihre Nützlichkeit ist vor allem dann zu bezweifeln, wenn die Verbindungsstücke so schwach und oberflächlich ausfallen wie in „Babel".[5]

Auch Roger Ebert meldet Zweifel an, was die Nützlichkeit der Technik, in diesem Fall für 21 GRAMS, anbelangt: „Imagining how heartbreaking the conclusion would

---

[2] 21 Grams: $16,290,476, Amores Perros: $5,408,467, Babel: $34,302,837, Magnolia: $22,455,976, Traffic: $124,115,725

[3] Vgl. TREBER, Karsten: *Auf Abwegen. Episodisches Erzählen im Film*, Remscheid: Gardez!-Verlag 2005, S. 9 sowie TRÖHLER, Margrit: *Offene Welten ohne Helden: plurale Figurenkonstellationen im Film*, (Zürcher Filmstudien; 15), Marburg: Schüren-Verlag 2007, S. 11.
Hier darf nicht vergessen werden, wie David Bordwell in seinem neuesten Buch THE WAY HOLLYWOOD TELLS IT bemerkt (S. 72/73), und wie Karsten Treber durch die Auswahl seiner Filme ebenfalls zum Ausdruck bringt, dass das Phänomen des episodischen Erzählens im Kino keine Novität darstellt. Es handelt sich vielmehr um ein verstärktes Auftreten desselben in den letzten, circa zwanzig Jahren.

[4] TRÖHLER, M.: *Offene Welten ohne Helden*, a.a.O., S. 12.

[5] EVERSCHOR, Franz: „Babel", in: *Filmdienst* 25/2006, S. 30-31, S. 31.

have been if we had arrived at it in the ordinary way by starting at the beginning, I felt as if an unnecessary screen of technique had been placed between the story and the audience."[6] Das Ziel dieser Studie soll sein am Beispiel der Film-Trilogie von Alejandro González Iñárritu den noch nicht umfassend erforschten Strukturen dieser „modischen" Erzählform auf den Grund zu gehen, Mechanismen ihrer Funktionsweise offenzulegen und zu untersuchen, ob sie wirklich nur eine Modeerscheinung sind oder ob doch mehr dahinter steckt.

II. Aufbau der Studie und methodischer Ansatz

Um diesem Ziel näher zu kommen, werden in Kapitel B zunächst die verschiedenen Begrifflichkeiten zum Episodischen definiert, beginnend mit der Bestimmung des Terminus *Episode*. Danach wird eine Klassifizierung der Spielarten des Episodischen in Erzähltheorie und Literatur vorgeschlagen. Dies erscheint notwendig und gerechtfertigt, da einerseits die direkten Vorläufer des hier zu untersuchenden filmischen Phänomens, wie häufig im Film, in der Literatur zu suchen sind[7], andererseits die Diskussion aus filmwissenschaftlicher Sicht noch nicht so weit fortgeschritten ist, als dass ein Rückgriff auf die Literatur als fruchtlos zu betrachten wäre. In einem nächsten Schritt sollen dann diese Ergebnisse auf den Film bezogen werden um eventuelle Unterschiede und Gemeinsamkeiten herauszustellen. Darin wird eine zusammenfassende Vorstellung der bisher geleisteten Forschungsarbeit auf dem Gebiet des Episo-

---

[6] EBERT, Robert: *21 Grams*, 25.11.2003, konsultiert auf: http://rogerebert.suntimes.com/ apps/pbcs.dll/article?AID=/20031125/REVIEWS/41005002/1023. Es ist allerdings anzumerken, dass Ebert seine Kritik bereits bei der Besprechung von Iñárritus nächstem Film BABEL zurücknimmt: „In Inarritu's "21 Grams," I thought the interlocking stories spun a little out of his control. Everything finally fit together, in a very good film, but there was sometimes the sense that we were more disoriented than the film really wanted us to be. "Amores Perros," with its three stories, was easy to follow, and now "Babel" finds Inarritu in full command of his technique: The writing and editing moves between the stories with full logical and emotional clarity, and the film builds to a stunning impact because it does not hammer us with heroes and villains but asks us to empathize with all of its characters. They all have their reasons, they all work with only limited information, they all win our sympathy." (EBERT, Roger: *Babel*, 22.09.2007, konsultiert auf: http://rogerebert.suntimes.com/apps/pbcs.dll/article?AID=/20070922/REVIEWS08/ 70922001/1023).

[7] Vgl. TREBER, K.: *Auf Abwegen*, a.a.O., S. 51.

dischen im Film einfließen. Ziel soll sein Merkmale des Episodischen, wie in der Forschungsliteratur herausgearbeitet, darzulegen, um so zu einer Arbeitsdefinition für die vorliegende Untersuchung zu gelangen. Daran schließt sich eine Klassifizierung der verschiedenen Spielarten episodischen Erzählens im Film an. Im letzten Teil des Kapitels B werde ich das von Félix Guattari und Gilles Deleuze entwickelte Modell des Rhizoms vorstellen, das im weiteren Verlauf der Studie auf seine Anwendbarkeit auf episodisches Erzählen im Film geprüft werden soll.

Da der Forschungsstand noch nicht sehr ausdifferenziert ist, wird in Kapitel C der eingehenden Filmanalyse der zu betrachtenden Filme ausreichend Raum gewährt, um die Strukturen des Episodischen besser herausarbeiten zu können. Bei der Analyse soll ein Schwerpunkt auf den filmstilistischen Gestaltungsmitteln liegen, um in einem weiteren Schritt zu untersuchen, inwiefern Ästhetik und Dramaturgie einander bestimmen und wechselseitig beeinflussen. Eine genaue Beschreibung der ästhetischen Gestaltung der einzelnen Episoden erscheint mir grundlegend für das Verständnis der jeweiligen besonderen episodischen Form. Um es mit Bazin zu sagen: „[Vielleicht versteht man] besser, *was* der Film zu sagen versucht, wenn man weiß, *wie* er es sagt."[8] Oder um Iñárritu selbst zu Wort kommen zu lassen: „Creo que la forma y el fondo van de la mano. Si te sirvo una copa de buen vino en un plato de sopa para que te lo comas a cucharadas, te sabrá distinto. Por eso cada licor tiene su vaso. Yo siento que cada fondo tiene que encontrar su forma y cada forma su fondo."[9] Meine These in Bezug auf die Form der Filme Iñárritus ist, dass die untersuchten Filme gegenläufige Dynamiken erkennen lassen, die einerseits auf Integration und andererseits auf Abgrenzung der jeweiligen Episoden im Bezug auf das Ganze zielen. Was dies wiederum für die Aussage der Filme bedeutet, gilt es herauszuarbeiten.

Unter Zuhilfenahme der Erkenntnisse aus den Filmanalysen erfolgt im anschließenden Kapitel D eine genauere Betrachtung der episodischen Strukturen, die in der Trilogie zu finden sind. In den folgenden Unterpunkten dieses Kapitels sollen einerseits die bisher untersuchten Aspekte zusammengebracht werden, indem eine Einordnung

---

[8]   BAZIN, André: *Was ist Film?*, Berlin: Alexander Verlag 2004, S. 97.
[9]   GONZÁLEZ IÑÁRRITU, Alejandro, in PONGA, P., „21 gramos", in: *Fotogramas*, n° 1924, Februar 2004, zit. nach: CERRATO, Rafael: *En la frontera con Iñárritu*, Madrid 2007, S. 91. Ich glaube, dass Form und Inhalt Hand in Hand gehen. Wenn ich dir ein Glas Wein in einen Suppenteller einschenke, damit du es auslöffelst, wird dir der Wein anders schmecken. Deshalb hat jeder Alkohol sein eigenes Glas. Ich glaube, dass jeder Inhalt seine Form und jede Form ihren Inhalt finden muss. (Eigene Übersetzung).

und Klassifizierung der Filme Iñárritus in die bisher festgelegten Kategorien versucht wird; andererseits sollen die in Kapitel B beschriebenen Merkmale auf ihre Gültigkeit für die Filme Iñárritus überprüft werden. Eine weitere Fragestellung betrifft die klassischen Erzählelemente[10] in der hier besprochenen Trilogie. Inwiefern bedienen sich episodische Filme klassischer Erzählelemente und wie weit können sie sich von diesen entfernen, ohne ins rein Experimentelle abzudriften?

Ein weiterer Schwerpunkt der Studie soll auf der Frage „Warum episodisch?" liegen, dem das Kapitel E gewidmet ist. Die Beantwortung erfolgt in zweierlei Hinsicht. Zum einen sollen Gründe erkannt werden, die Produzenten, Regisseure und Drehbuchautoren dazu bewegen könnten, sich für diese Form der Narration zu entscheiden. Dabei sollen Vergleiche mit Strukturen und Erfahrungen unserer Alltagswelt gewagt werden, da ich belegen möchte, dass diese Einfluss auf die Zunahme episodisch erzählter Filme haben. Zum anderen schließt diese Fragestellung auch die Überlegungen zu einer Weltsicht ein, die die Filmemacher möglicherweise als Ergebnis der zuvor untersuchten Wahrnehmung der sie umgebenden Welt durch ihre Filme vermitteln. Dabei werde ich auf verschiedene Theorien, wie die des Schmetterlingseffektes, die des Dekonstruktivismus, auf Multiperspektivität sowie auf Kontingenz vs. Providenz Bezug nehmen.

Im abschließenden Kapitel F soll ein Überblick über die wichtigsten Ergebnisse der Studie gegeben, Fragestellungen für weiterführende Forschungen genannt und ein Ausblick gewagt werden.

Die methodische Vorgehensweise ist hauptsächlich filmanalytischer Natur, wobei ein besonderer Schwerpunkt auf die Untersuchung der ästhetischen Gestaltung und narrativen Ausformung der jeweiligen Filme gelegt wird. Als Arbeitsgrundlage dient hierfür die geläufige – deutsche – Terminologie der Filmanalyse, wie sie beispielsweise von Knut Hickethier in seinem Band FILM- UND FERNSEHANALYSE[11] erläutert wird.

---

[10] Im Laufe der Arbeit wird immer wieder auf das klassische Erzählkino Bezug genommen, von dem es das episodische Kino abzugrenzen gilt. Wenn von klassischer Erzählung oder klassischen Elementen die Rede ist, sind damit immer diejenigen Konventionen gemeint, die sich spätestens seit dem Classical Hollywood zur Gänze in der internationalen Filmindustrie etabliert haben und u.a. von David Bordwell in seinem Buch NARRATION IN THE FICTION FILM und von Jens Eder in DRAMATURGIE DES POPULÄREN FILMS ausführlich beschrieben worden sind.

[11] HICKETHIER, Knut: *Film- und Fernsehanalyse*, Stuttgart: Metzler 2001[3].

Die werkimmanente Analyse soll nur dort produktions- und rezeptionsorientierten Werkbetrachtungen weichen, wo dies für ein Verständnis der episodischen Struktur unerlässlich erscheint. Dies wird vor allem im Kapitel E der Studie der Fall sein, wo über den Zusammenhang der episodischen Filme mit gesellschaftlichen Fragen und Weltanschauungen nachgedacht werden soll. Darüber hinaus werden auch interdisziplinäre[12] Ansätze notwendig: Dies ist gerade zu Beginn der Untersuchung der Fall, wenn es um die terminologische Klärung und theoretische Einordnung des Phänomens sowie um einen Überblick desselben in der Literatur geht, sowie erneut im letzten Teil der Studie, da die Frage nach der vermittelten Weltsicht nicht mehr nur aus filmischer Warte beantwortet werden kann. So werden dort vor allem sozial- und kulturwissenschaftliche Theorien im Hinblick auf die Filme herangezogen. Der Konzentration auf die Film-Trilogie Iñárritus geschuldet kann keine umfassende systematische Darstellung des Phänomens des Episodischen im Film angestrebt werden. Dies schließt auch den Verzicht auf eine diachrone zu Gunsten einer primär synchronen Betrachtungsweise ein. Außerdem muss die ganzheitliche Untersuchung einer Begrenzung auf die westliche Kultur weichen, was vor allem der Unkenntnis der Autorin der asiatischen, arabischen und afrikanischen (Film-)Kulturen und Sprachen geschuldet ist. Vielmehr soll versucht werden hermeneutisch-qualitativ zu arbeiten, um so anhand des Beispiels der Film-Trilogie Iñárritus exemplarisch Strukturen und Themen episodisch erzählter Filme herauszuarbeiten.

---

[12] Ohne in die Diskussion um das „wissenschaftspolitische[n] Schlagwort" (SCHLAEGER, Jürgen: "Interdisziplinarität", in: NÜNNING, Ansgar: *Metzler Lexikon Literatur- und Kulturtheorie*, Stuttgart/Weimar: Metzler 2002[4], S. 324-325, S. 325) der Interdispzilinarität einsteigen zu wollen, meine ich hier mit I. die Anwendung von nicht genuin-filmwissenschaftlichen Theorien auf filmwissenschaftliche Fragestellungen.

B.   Wissensstand: Zur Theorie des Episodischen

I.   Zum Begriff der Episode

Unser heutiges Wort Episode leitet sich aus dem Griechischen ἐπεισόδιου (epeiso-
deion) ab. Aristoteles definiert dieselbe in seiner POETIK, als er die Teile, aus denen
eine Tragödie besteht, benennt: „[...] eine Episode [ist] ein ganzer Teil der Tragödie
zwischen ganzen Chorliedern [...]."[13] Der Herausgeber der Reclam-Ausgabe, Manfred Fuhrmann, erläutert diese kurze Definition: „Episode hier im ursprünglichen,
technischen Sinne: für den „Auftritt" eines Schauspielers, für die von Chorliedern
umschlossene dialogische Partie."[14] Im deutschen Fremdwörterbuch von *de Gruyter*
wird die Entwicklung des Wortes kurz und prägnant zusammengefasst: „Zunächst
Bezeichnung des im frühen griechischen Theater zum Chor hinzukommenden Dia-
logs. Als der Dialog eine immer größere Rolle spielte, entwickelte sich die Bedeutung hin zu «Nebenhandlung», dann auch Verallgemeinerung zu «unbedeutendes Ereignis»".[15] Auch verschiedene Wörterbücher weisen darauf hin, dass der Schwerpunkt des Wortes heutzutage auf seiner Flüchtigkeit und Unwesentlichkeit liegt. Der
Duden definiert Episode dreifach als „1. flüchtiges Ereignis innerhalb eines größeren
Geschehens; unbedeutende, belanglose Begebenheit. [...] 2. Nebenhandlung, Zwi-
schenstück in Dramen oder Romanen. 3. (Musik) eingeschobener Teil zwischen erster u. zweiter Durchführung des Fugenthemas."[16]

Alle diese Beschreibungen und Definitionen deuten auf das Flüchtige, Nebensächliche und Eingeschobene hin, mit dem das Episodische in Verbindung gebracht wird.

---

[13] ARISTOTELES: *Poetik*, übersetzt und herausgegeben von Manfred Fuhrmann, Stuttgart: Reclam,
2005, S. 37.
[14] Ebd., S. 116/117.
[15] SCHULZ, Hans (begonnen von)/BASLER, Otto (fortgeführt von): *Deutsches Fremdwörterbuch*,
Berlin (u.a.): de Gruyter, 2. völlig neu bearbeitete Auflage 2004, Bd. 5, Eau de Cologne – Futurismus, bearbeitet von, Gerhard Strauß (Leitung/Redaktion), S. 190/191.
[16] SCHOLZE-STUBENRECHT, Werner (Projektleiter): *Duden „Das große Wörterbuch der deutschen
Sprache": in zehn Bänden*, Mannheim: Bibliographisches Institut, 3., völlig neu bearbeitete und
erweiterte Auflage 1999, Bd. 3, S. 961-1440, S. 1060.

In den nächsten beiden Unterkapiteln wird das Episodische in Erzähltheorie, Literatur und Film beschrieben und klassifiziert.

II. Zum Episodischen in Erzähltheorie und Literatur

Die Erzähltheorie oder Narratologie ist „traditionell eine Unterdisziplin der Literaturwissenschaft"[17], wobei sie sich zunehmend interdisziplinär versteht. Dies ist nur allzu verständlich, schließlich ist die Erzählung wesentlicher Bestandteil verschiedenster Medien, und so wird auch der Film häufig als narrativer Text gelesen.[18] Umso verwunderlicher ist es, dass trotz des Anspruches der Narratologie, als eigene Disziplin zu gelten und damit eben gerade nicht einer anderen Disziplin, nämlich der Literaturwissenschaft, angeschlossen zu sein, sich die Vielzahl erzähltheoretischer Studien auf literarische Beispiele beschränkt. Weder die Hauptwerke der Erzähltheorie, allen voran Gérard Genettes DIE ERZÄHLUNG[19], sowie das Modell Stanzels, THEORIE DES ERZÄHLENS[20], das Werk Lotmans DIE STRUKTUR LITERARISCHER TEXTE[21], noch Lämmerts BAUFORMEN DES ERZÄHLENS[22] gehen über den literarischen Rahmen hinaus. Dies gilt ebenso für die bekannte Einführung von Martínez/Scheffel oder diejenige Fluderniks[23]. Jörg Schweinitz schreibt dazu: „Angesichts dieser Parallelen [zwischen Film und Literatur] [...] mag es verwundern, dass sich die *theoretische* Untersuchung des Films unter explizit narratologischem Aspekt als relativ spätes Phänomen erweist."[24] Deshalb wird zunächst mit Hilfe der auf die Literatur bezogenen Er-

---

[17] FLUDERNIK, Monika: *Erzähltheorie. Eine Einführung*, Darmstadt: WBG 2008[2], S. 18.

[18] Vgl. SCHWEINITZ, Jörg: „Zur Erzählforschung in der Filmwissenschaft" In: LÄMMERT, Eberhard (Hrsg.): *Die erzählerische Dimension: eine Gemeinsamkeit der Künste*, Berlin: Akademie-Verlag 1999, S.73-87, S. 73.

[19] GENETTE, Gérard: *Die Erzählung*, München: Fink 1998[2].

[20] STANZEL, Franz K.: *Theorie des Erzählens*, Göttingen: Vandenhoeck & Ruprecht, 2001[7].

[21] LOTMAN, Jurij M.: *Die Struktur literarischer Texte*, München: Fink 1993[4].

[22] LÄMMERT, Eberhard: *Bauformen des Erzählens*, Stuttgart: Metzler 1975[6].

[23] FLUDERNIK, M.: *Erzähltheorie. Eine Einführung*, a.a.O. Die Autorin erwähnt den Film zwar ganz kurz, widmet ihm jedoch nur eine (!) Seite und konzentriert sich auf einen einzigen Aspekt, den des *point of view*.

[24] SCHWEINITZ, J.: „Zur Erzählforschung in der Filmwissenschaft", a.a.O., S. 74. Er sieht die Hauptgründe hierfür in der Tatsache, dass sich der Film in seiner Anfangszeit als „neue Kunst"

zählwissenschaft versucht, das Phänomen des episodischen Erzählens in der Literatur abzustecken, bevor ich in einem nächsten Schritt die Anwendbarkeit auf den Film unter Hinzuziehen der wenigen Arbeiten, die sich aus narratologischer Sicht mit dem Film beschäftigen oder die konkret das episodische Erzählen untersuchen, überprüfen und gegebenenfalls ergänzen oder modifizieren möchte.

Zunächst fällt auf, dass weder bei Genette noch bei Stanzel oder Lotman Hinweise zur Form des episodischen Erzählens zu finden sind. Diese Auffälligkeit kann man einerseits damit erklären, dass sich die Erzähltheorie oft eher mit der Ontologie von Narration, ihrer Vermittlung und dem Verhältnis von Erzähler und Erzähltem zu beschäftigen scheint. Ein weiterer Hinweis darauf, warum das Episodische wenig Beachtung findet, lässt sich aus folgendem Zitat aus der Einführung in die Erzähltheorie von Martínez/ Scheffel entnehmen:

> Eine Zwischenstellung zwischen der Ebene des Ereignisses (oder Motivs)[25] und derjenigen der Geschichte[26] nimmt die *Episode*[27] ein (als Synonyme gebraucht man auch [‹Teil-›] ‹Sequenz› oder ‹subplot›). Eine Episode ist eine in sich relativ abgeschlossene, in einen größeren narrativen Zusammenhang gehörende **Teil- oder Nebenhandlung**, die der Ausdehnung nach zwischen der Gesamthandlung einerseits und kleineren Einheiten wie ‹Ereignis›, ‹Szene› oder ‹Tableau› andererseits liegt. Eine Episode ist entweder **Teil einer** (aus mehreren Episoden zusammengesetzten) **Haupthandlung oder aber eine Neben-**

---

von den anderen Künsten abheben musste, anstatt Gemeinsamkeiten zu betonen. (Vgl. S. 75). Diese Beschränkung des Großteils der Narratologie auf literarische Texte ist auch der Grund dafür, dass ich das Episodische in Erzähltheorie und Literatur in demselben Kapitel behandle.

[25] In Anlehnung an Tomaševskij definieren Martínez/Scheffel den Begriff wie folgt: „Das Ereignis oder Motiv ist die kleinste, elementare Einheit der Handlung und wurde als erzähltheoretischer Terminus zuerst vom russischen Formalisten Boris Tomaševskij definiert." (MARTÍNEZ, Matías/SCHEFFEL, Michael: *Einführung in die Erzähltheorie*, München: Beck 2007[7], S. 108.) Sie bevorzugen den Begriff Ereignis, um den mehrdeutigen Terminus des Motivs zu vermeiden.

[26] „Durchläuft ein Subjekt nacheinander mehrere Ereignisse, bilden diese Ereignisse ein Geschehen. Im Geschehen seriell aneinandergereihte Ereignisse ergeben aber erst dann eine zusammenhängende Geschichte, wenn sie nicht nur (chronologisch) aufeinander, sondern auch nach einer Regel oder Gesetzmäßigkeit auseinander folgen." (MARTÍNEZ/SCHEFFEL: *Einführung in die Erzähltheorie*, a.a.O., S. 109).

[27] Um leichter zwischen Hervorhebungen in Originalzitaten und eigenen unterscheiden zu können, verwende ich für erstere die kursive Schrift und für zweite die fettgedruckte. Für Filmtitel verwende ich durchgängig Kapitälchen und für Fachtermini ebenfalls die kursive Schriftart.

handlung, die für die chronologische und kausale Kontinuität der Haupthandlung irrelevant ist.[28]

Hieraus lässt sich unschwer erkennen, was sich bereits im Aristoteles-Zitat angedeutet hat. Die Episode bezeichnet eine Teil- oder Nebenhandlung, die zudem für die
Kontinuität der Haupthandlung irrelevant ist. Diese scheinbare Bedeutungslosigkeit
mag auch die oben genannten Autoren dazu bewogen haben, dem Phänomen genau
diese durch Nichterwähnung zu attestieren. Die pejorative Konnotation, die die Episode zu kennzeichnen scheint, ist schon bei den Zeitgenossen Cervantes' festzustellen, der in seinem weltliterarischen Roman DON QUIJOTE DE LA MANCHA vor allem
im ersten Teil sehr viele Episoden, insgesamt fünf längere, in die Geschichte des fah-
renden Ritters einbettet. Dass diese Nebenhandlungen, die mit Don Quijote auf den
ersten Blick nur sehr wenig zu tun haben, auf alles andere als auf Begeisterung stie-
ßen, lässt sich sehr schön am Beispiel des Anfangs des 44. Kapitels des zweiten Teils
erkennen:

Dicen que en el propio original de esta historia se lee que llegando Cide Hamete a escribir
este capítulo no le tradujo su intérprete como él le había escrito, que fue un modo de queja
que tuvo el moro de sí mismo por haber tomado entre manos una historia tan seca y tan
limitada como esta de don Quijote, por parecerle que siempre había de hablar de él y de
Sancho, **sin osar extenderse a otras digresiones y episodios más graves y más
entretenidos**; y decía que el por siempre atenido el entendimiento, la mano y la pluma a
escribir de un solo sujeto y hablar por las bocas de pocas personas era un trabajo
incomportable, cuyo fruto no redundaba en el de su autor, y que por huir de este
inconveniente había usado en la primera parte del artificio de algunas novelas, como
fueron la del *Curioso impertinente* y la del *Capitán cautivo*, **que están como separadas de
la historia**, puesto que las demás que allí se cuentan son casos sucedidos al mismo don
Quijote, que no podían dejar de escribirse. También pensó, como él dice, que muchos,
llevados de la atención que piden las hazañas de don Quijote, no la darían a las novelas, y
**pasarían por ellas o con priesa o con enfado, son advertir la gala y artificio que en si
contienen, el cual se mostrara bien al descubierto, cuando por sí solas, sin arrimarse a
las locuras de don Quijote ni a las sandeces de Sancho, salieran a luz**. Y, así, en esta
segunda parte **no quiso injerir novelas sueltas ni pegadizas, sino algunos episodios que
lo pareciesen**, nacidos de los mismo sucesos que la verdad ofrece, y aun éstos
limitadamente y con solas las palabras que bastan a declararlos; y pues se contiene y cierra
en los estrechos límites de la narración, teniendo habilidad, suficiencia y entendimiento

---

[28] MARTÍNEZ/SCHEFFEL: *Einführung in die Erzähltheorie*, a.a.O., S. 110.

para tratar del universo todo, pide no se desprecie su trabajo, y se le den alabanzas, no por lo que escribe, sino por lo que ha dejado de escribir.[29]

Dem aufmerksamen Leser wird unmissverständlich klar, was der Autor von dieser Kritik, die ihm ganz offensichtlich entgegen gebracht wird, hält. Voller Ironie präsentiert sich dieser metaliterarische Beginn des 44. Kapitels und unterstreicht damit noch die Wichtigkeit und die „gala y artificio", die diese eingeschobenen Episoden nach Erachten des Erzählers haben. Neben einer hochkomplexen Erzählsituation, die das

---

[29] CERVANTES SAAVEDRA, Miguel de: *Don Quijote de la Mancha*, Madrid: Real Academia Española, 2004, S. 877-878. Hervorhebungen von mir.
Es heißt, dass in der eigentlichen Urschrift dieser Geschichte, da wo Sidi Hamét an die Abfassung dieses Kapitels kommt – welches sein Übersetzer nicht so wiedergegeben, wie er es geschrieben hatte –, daß da eine Art von Bedauern zum Ausdruck kam, das der maurische Verfasser über sich selbst empfunden, weil er eine Geschichte wie die des Don Quijote unter die Hände genommen, die so trocken und in so enge Grenzen gebannt sei, da er immer, wie es ihn bedünke, nur von dem Ritter und von Sancho sprechen müsse, **ohne daß er wagen dürfe, sich in sonstigen Abschweifungen und Einschaltungen ernsteren und auch unterhaltenderen Inhalts zu verlieren.** Er fügte bei, wenn Geist, Hand und Feder beständig daran gebunden seien, von einem einzigen Gegenstande zu schreiben und durch den Mund weniger Personen zu sprechen, so sei dies eine unerträgliche Mühsal, deren Ergebnis ohne Ergebnis für des Verfassers Ruhm bleibe, und um diesen Mißstand zu vermeiden, habe er sich im ersten Teile des Kunstgriffs bedient, etliche Novellen einzuflechten, wie die vom törichten Vorwitz und die vom Hauptmann in der Sklaverei, **welche von der eigentlichen Geschichte so gut wie unabhängig sind,** während die übrigen dort berichteten Vorgänge dem Ritter selbst begegnet sind, also unbedingt erzählt werden mußten. Allein er dachte auch, wie er sagt, daß viele Leser, hingerissen von der Teilnahme, welche Don Quijotes Heldentaten in Anspruch nehmen, **den Novellen keine widmen und flüchtig oder widerwillig über sie hinwegeilen würden, ohne die feine Arbeit und Kunst in ihnen zu beachten, die man klar erkennen müßte, sobald sie für sich allein, ohne die Narreteien Don Quijotes und Sanchos Einfältigkeiten, ans Licht getreten wären. Daher wollte er in diesen zweiten Teil weder selbstständige noch in die Geschichte verflochtene Novellen einfügen, sondern nur einige Episoden, die sich sofort als solche erkennen lassen** und die aus den Begebenheiten selbst, wie sie unsre Geschichte darbietet, hervorgegangen sind; und auch diese nur in beschränktem Maße und ohne größeren Aufwand an Worten, als gerade genügt um sie vorzutragen. Da er sich mithin in den engen Grenzen seiner Erzählung hält, während er doch Geschick, hinlängliche Fähigkeit und Verstand hat, um über das ganze Weltall zu schreiben, so bittet er, man solle seine Arbeit nicht missachten, vielmehr ihm Lob spenden, nicht für das, was er schreibt, sondern für das, was er zu schreiben unterlassen hat.[29] (CERVANTES SAAVEDRA, Miguel de: *Der sinnreiche Junker don Quijote von der Mancha*, aus dem Span. von Ludwig Braunfels. Mit Ill. von Grandville. Mit einem Nachw. von Fritz Martini und Anm. der Braunfelsschen Übers., Düsseldorf; Zürich: Artemis und Winkler, 2000[9], S. 873-874).

sich den ganzen Roman durchziehende Spiel mit den verschiedenen Erzählebenen auf die Spitze treibt und *ad absurdum* führt, für unser Thema jedoch nicht von Belang ist, enthält dieser Ausschnitt auch eine sehr ausführliche Beschreibung dessen, was hier unter „Episoden" verstanden wird. Die erste der markierten Stellen, stellt das Wort *episodios* auf eine Stufe mit *digresiones*, was soviel bedeutet wie „Abschweifung" oder, wie von der *Real Academia*[30] definiert: „Efecto de romper el hilo del discurso y de hablar en él de cosas que no tengan conexión o íntimo enlace con aquello de que se está tratando."[31] Diese Definition unterstreicht sehr gut den Charakter der Episode als etwas, das als Teil- oder Nebenhandlung die Haupthandlung unterbricht und mit ihr nur in losem Zusammenhang steht. Auch die unter dem Eintrag *episodio* gelisteten Begriffsdefinitionen reihen sich in die bereits angeführten ein.

In diesen Umschreibungen dessen, was der Terminus Episode meint, steckt noch eine weitere Eigenschaft, welche auch von Eberhard Lämmert, einem der Narratologen, die sich schon früh ausführlich mit dem Episodischen beschäftigt haben, hervorgehoben wird: die der relativen Autonomie der Episode:

> Zu einem selbstständigen Handlungsstrang gehört notwendig ein sich selbst tragendes Stoffgerüst, das freilich durch ‚Laufstege‘ des Sinnzusammenhangs mit dem Gesamtgerüst verbunden ist. Verschiedene Handlungsstränge divergieren deshalb stets mindestens in einem der folgenden drei Kriterien: Verschiedene Handlungszeit – verschiedener Schauplatz – verschiedene Personen.[32]

Wir haben nun eine erste Erscheinungsform der Episode im literarischen Erzählen definiert. Die Bedeutung der Episode für das Erzählen erschöpft sich darin aber noch nicht, sondern geht weit darüber hinaus. Wie sieht es z.B. aus, wenn die eingeschobenen Geschichten eine solche Dominanz erreichen, dass die Haupthandlung beinahe verschwindet und man dieser damit den Status „irrelevant" oder „Nebenhandlung"

---

[30] Das Wörterbuch der Real Academia gilt als das Standardwerk zur spanischen Sprache.

[31] „Digresión", in: DRAE, konsultiert auf: http://buscon.rae.es/drael/SrvltConsulta?TIPO_BUS =3&LEMA=digresión. Der Effekt, den Erzählstrang zu durchbrechen und in ihm von Dingen zu sprechen, die keinen Zusammenhang oder enge Verbindung mit dem haben, wovon man erzählt. Eigene Übersetzung.

[32] LÄMMERT, E.: *Bauformen des Erzählens*, a.a.O., S. 44.

zuschreiben könnte, der bisher für die Episode herhalten musste? Eberhard Lämmert schreibt dazu:

> Dominiert diese übergeordnete Handlung stark, so erhalten jene selbstständigen Gebilde den Charakter von *Ergänzungssträngen* oder *Episoden*; dominieren umgekehrt die eingelagerten Handlungsstränge deutlich, so wird man die übergeordnete als *Rahmenhandlung* bezeichnen.[33]

Auf dieselbe „Bauform des Erzählens"[34], nämlich des Überwiegens von Episoden gegenüber einer Haupthandlung, nehmen auch Martínez/Scheffel Bezug, wenn sie weiter schreiben:

> Die narrative Gesamtstruktur eines Werkes wird episodisch genannt, wenn seine einzelnen Episoden nur locker (etwa durch eine konstante Hauptfigur) miteinander verbunden sind. Episodische Gesamtstrukturen sind kennzeichnend für literarische Gattungen wie den Abenteuer-, den Ritter- und den Schelmenroman, ebenso für das Volksmärchen.[35]

Bei den hier genannten Gattungen tritt genau der Fall ein, den Lämmert beschreibt: Die übergeordnete Handlung fungiert nunmehr als Rahmenhandlung, es kann sogar „dazu kommen, dass eine eigentliche Hauptgeschichte nur noch schwer zu eliminieren ist"[36], denn die Hauptbedeutung erlangen die einzelnen Episoden, oft Abenteuer oder Proben, die die Protagonisten durchleben.

Hier haben wir nun eine zweite Bedeutung der Episode, die in ihrer Übermacht als konstituierend für das episodische Erzählen wird, von dem wir nun sprechen können. Es bedeutet eine Intensivierung der ersten Definition insofern, als dass das Einfügen von Episoden, d.h in diesem Falle Nebenhandlungen, zum allgemeinen Gestaltungsprinzip erhoben wird und die Erzählung beinahe nur noch aus Episoden besteht. Ein gutes Beispiel hierfür wäre der pikareske Roman, der wie auch DON QUIJOTE dem

---

[33] LÄMMERT, E.: *Bauformen des Erzählens*, a.a.O., S. 44.
[34] LÄMMERT, E.: *Bauformen des Erzählens*, a.a.O.
[35] MARTÍNEZ/SCHEFFEL: *Einführung in die Erzähltheorie*, a.a.O., S. 111.
[36] LÄMMERT, E.: *Bauformen des Erzählens*, a.a.O., S. 39.

spanischen *Siglo de Oro*[37] entstammt. Das früheste berühmte Beispiel, der LAZARIL-LO DE TORMES, erzählt in autobiographischer Manier das Leben des *pícaro* Lazarillo, der vom Hunger getrieben nacheinander sechs verschiedenen Herren dient, von denen jeder unseren Protagonisten vor neue Probleme und Herausforderungen, und das heißt meistens vor noch weniger Nahrung und damit noch mehr Hunger, stellt. Natürlich lässt sich auch der DON QUIJOTE selbst als eine Aneinanderreihung von Episoden auffassen, die durch die beiden Protagonisten Don Quijote und Sancho Panza zusammengehalten werden. Die bereits erwähnten fünf längeren Episoden des ersten Teiles stellen dabei eine metonymisch mit der Haupthandlung verknüpfte *mise en abyme* dar. Ebenso lassen sich auch die berühmten Lügengeschichten des Barons von Münchhausen oder die Geschichten von Scheherazade, die diese in 1001 NACHT erzählt, um gegen ihren Tod anzukämpfen, kategorisieren. Auch können mehrere Figuren an die Stelle des einzelnen Protagonisten treten, um die Rahmenhandlung zu konstituieren, wie dies z.B. im DECAMERONE der Fall ist, wo zehn junge Personen während der Pest zehn Tage aufs Land flüchten und sich Novellen erzählen, jeder jeden Tag eine. Der Unterschied zwischen den letztgenannten Beispielen und dem Lazarillo ist jedoch, dass bei jenen ein Wechsel der Erzählebene stattfindet und wir es somit mit Rahmenhandlung und Binnenhandlung bzw. einem Wechsel von intradiegetischer und metadiegetischer Erzählebene[38] zu tun haben. Ein weiterer Schritt in Richtung Eigenständigkeit der einzelnen Erzählungen führt zu Publikationsformen wie dem Gedichtband, der Sammlungen von Kurzgeschichten oder den Märchenbüchern, die alle einzelne Texte aufweisen, die jedoch durch die Zusammenfassung in einer Publikation in einen Gesamtkontext eingebettet sind. Gerade in der Lyrik ist dies eine weit verbreitete Form, die in den meisten Fällen von den Autoren sogar als solche konzipiert ist, weshalb die Interpretation als ein Werk mit verschiedenen Einzelteilen sicher zulässig ist.

Wie das Zitat von Martínez/Scheffel gezeigt hat, ist der Zusammenhalt durch eine Rahmenhandlung oder Hauptfigur jedoch nur **eine** Möglichkeit der losen Verknüpfung der Episoden untereinander. Gegenüber dieser, der *Episodenerzählung* in der

---

[37] Das *Siglo de Oro* bezeichnet die Blütezeit spanischer Kultur und Literatur im 16. und 17. Jahrhundert.

[38] Ich verwende hier die Terminologie Genettes.

Terminologie Lämmerts, nennt er die weitere Möglichkeit der *mehrgleisigen Erzählung*.[39]

Schon für die äußere Gliederung, mehr aber noch für den inneren Beziehungsreichtum und die Erzählspannung ist es nämlich von entscheidender Bedeutung, ob der Erzähler einzelne Handlungsstränge oder Seitengeschichten geschlossen zu Ende bringt oder ob mit Hilfe von Interruption und Fadenwechsel eine Mehrgleisigkeit und Durchdringung der Verläufe künstlich gefördert wird. Nähern sich Erzählungen der ersteren Art lockeren zyklischen Formen, so bieten die letzteren ein oft schwer durchschaubares, aber exakt verwebtes Geflecht vieler Einzelschicksale.[40]

Prägend für diese Form ist, dass „[m]it der Aufspaltung einer Erzählung in mehrere Handlungsstränge [...] die einfache Sukzession der Geschichte zugunsten anderer Beziehungen aufgegeben [wird]."[41] Diese anderen Beziehungen sind vor allem zwischen den Figuren zu suchen: „Vermehren sich diese Stränge, so treten räumliche Ordnungen und Personenkreise immer stärker an die Stelle der zeitlichen Ordnungsmacht."[42] „Das Nebeneinander tritt an die Stelle der Entwicklung, Personenreichtum an die Stelle des Helden. Günther Müller spricht treffend von der Gliederung in ,verschiedene selbstständige Kraftfelder'."[43] Diese Tendenz ist gut nachzuvollziehen am Beispiel des Romans MANHATTAN TRANSFER von John Dos Passos aus dem Jahre 1925, der dieses Prinzip des „panoramische[n] Erzählen[s]"[44] in Reinform vorführt. Die zahlreichen Figuren, die im Laufe dieses Romans eingeführt werden und jeweils – teilweise zusammen mit Partnern oder Freunden – einzelne Handlungsstränge darstellen, dienen zu einer umfassenden Milieu- und Stimmungsschilderung in der Stadt New York in der Zeit von ca. 1890 bis 1920.[45] Der Zusammenhang zwischen den einzelnen Episoden besteht einerseits in dem gemeinsamen Handlungsfeld New York – die Stadt selbst wird zum Protagonisten – das die einzelnen Handlungsstränge mit-

---

[39] LÄMMERT, E.: *Bauformen des Erzählens*, a.a.O., S. 39.
[40] Ebd.
[41] Ebd., S. 41.
[42] Ebd., S. 38.
[43] Ebd., S. 41.
[44] Ebd., S. 40.
[45] Vgl. ICKSTADT, Heinz: „Großstadt und Maschine: Die Darstellung New Yorks in den Bildern und Texten von Joseph Stella, Hart Crane und John Dos Passos", in: ZAPF, Hubert (Hrsg.): *Amerikanische Literaturgeschichte*, Stuttgart/Weimar: Metzler 2004², S. 256-262, S. 261.

einander verknüpft – und andererseits in der Tatsache, dass die einzelnen Erzähl-stränge sich im Laufe des Romans immer mehr und mehr durchmischen und ver-schränken. Dies erreicht der Autor dadurch, dass er eine bunt zusammengewürfelte Mischung von Figuren einführt, die sich durch ihre gesellschaftlichen Funktionen und Tätigkeiten nach und nach kennenlernen. So kann man z.b. Ellen als eine der wich-tigsten, da im Hinblick auf die anderen Charaktere des Romans bekannteste und so-mit auch vom Autor am meisten erwähnte Figur beschreiben. Sie ist eine berühmte Theaterschauspielerin, die dadurch leicht Kontakt zu Journalisten oder anderen Mit-gliedern des Theaterwesens hat. Weitere Anknüpfungspunkte ergeben sich durch den Kontakt zu George Baldwin, einem erfolgreichen Rechtsanwalt, der ihre Ehe schei-den soll. Dieser wiederum hat durch seinen Beruf und seine soziale Stellung ein wei-teres weitgestricktes Netz an Bekanntschaften, wodurch er wiederum als Knoten-punkt für viele weitere Handlungsstränge fungiert.

Das Besondere an diesem Roman und an der Spielart des Episodischen, die er ver-körpert, ist somit das völlige Fehlen einer übergeordneten Haupt- oder Rahmenhand-lung, auch wenn die Stadt New York als Ersatz-Protagonist gesehen werden kann.[46] Trotzdem entbehrt der Zuschauer vor allem zu Beginn des Romans jeglicher Orien-tierung durch Figurenidentifikation; er weiß nicht, welches der Gegenstand der Er-zählung ist, auf den er sich konzentrieren soll, welche der vielen Namen, die ihm ge-radezu entgegen geschleudert werden, er sich einprägen soll. Damit erreicht John Dos Passos auf der Rezeptionsebene eine Spiegelung derjenigen Prozesse, die er auf der Handlungsebene zu beschreiben sucht: die Erfahrung der Großstadt, des Chaos' und der Orientierungslosigkeit in ihr sowie die Erfahrung der sie dominierenden Massen ebenso wie der damals sicherlich noch damit verbundenen Erfahrung von Kontin-genz. Bud sucht immer wieder verzweifelt nach dem Zentrum der Dinge und der Stadt. Dass diese Suche von vorneherein zum Scheitern verurteilt ist, machen sowohl sein Selbstmord als auch die Form des Romans deutlich.

Diese letzte Form episodischen Erzählens wird auch mit dem Begriff der Simultanei-tät bzw. Simultantechnik gefasst.[47] Für diese Technik konstatiert Slobodan Grubačić

---

[46] Ebd.

[47] vgl. GRUBAČIĆ, Slobodan: „Simultane Welt", in: KLOEPFER, Rolf /JANETZKE-DILLNER, Gisela (Hrsg.): *Erzählung und Erzählforschung im 20. Jahrhundert.* Stuttgart [u.a.]: Kohlhammer 1981, S. 477-489. Diese Tatsache macht auch bereits die schwierige terminologische Abgren-zung zum episodischen Erzählen deutlich.

bereits wesentliche derjenigen Charakteristika, die uns später auch bei Karsten Treber wieder begegnen werden. Als eines der wichtigsten Merkmale nennt der Autor, wie auch Volker Klotz in seiner Abhandlung zu MANHATTAN TRANSFER, das „[räumliche] Nebeneinander im [zeitlichen] Nacheinander"[48]. Oder anders: „Alle Geschehnisse spielen sich in einer räumlichen Simultaneität ab, welche das Moment der zeitlichen Sukzession weitgehend überlagert."[49] Er vergleicht diese Erzählweise mit der künstlerischen Technik der Collage, da wie bei dieser „konjunktionslose Wirklichkeitspartikel [...] nebeneinander gestellt werden."[50] Jedoch bemerkt er auch, dass die „sukzessive Sprache ein Nebeneinander [nur umwegig] veranschaulichen [kann]."[51] Er sieht diese Erzählform ferner als eine die realistischen Tendenzen[52] eines Romans fördernd an: „Es gibt kaum eine literarische Strömung, die, mit ihrem ‚Drang ins Leben hinein' und auf die ‚Natürlichkeit' des Erzählens, auf die ‚synthetische Authentizität' pochend, nicht auf die Kategorie der Simultaneität Anspruch erhoben hätte."[53] Als weiteres Merkmal nennt der Autor den Zufall, der „zum Formprinzip einer durchaus ernsten Illusion der Realität erhoben wird"[54]: „Als regelmäßige Regellosigkeit wird der Zufall zur Dauererfahrung der Orientierungslosigkeit."[55] Was dieser, auch für den Zuschauer geltenden Orientierungslosigkeit entgegenwirkt, sind die „symbolischen Klammern", derer keine dieser Erzählungen entbehren kann und die „zumindest die Fiktion ermöglichen, das Dargestellte sei als Ganzes durchschaubar, wobei aus dem Zerfall des Kontinuums eine ästhetische Tugend gemacht wird."[56] „Es ist die Aufgabe [der Erzählkunst], angesichts der Punktualität des jeweiligen ästhetischen Eindrucks dennoch ein Integrationsmoment zu gewinnen."[57] So fungiert in

---

[48] GRUBAČIĆ, S.: „Simultane Welt", a.a.O., S. 478: „Nebeneinander im Nacheinander"; KLOTZ, Volker: *Die erzählte Stadt. Ein Sujet als Herausforderung des Romans von Lesage bis Döblin*, München: Hanser 1969, S. 329: „So triumphiert [...] das räumliche Nebeneinander übers zeitliche Nacheinander."

[49] GRUBAČIĆ, S., „Simultane Welt", a.a.O., S. 482.

[50] Ebd.

[51] Ebd.

[52] In diesem Zusammenhang merkt der Autor an, dass die Simultantechnik trotzdem nicht im Realismus zu finden sei, da dieser auf eine Psychologisierung der Figuren hinarbeitet. Diese läuft jedoch der Zersplitterung, die mit der Simultaneität einhergeht, zuwider (vgl. GRUBAČIĆ, S., „Simultane Welt", a.a.O., S. 479).

[53] GRUBAČIĆ, S., „Simultane Welt", a.a.O., S. 478.

[54] Ebd., S. 480.

[55] Ebd.

[56] Ebd., S. 482.

[57] Ebd., S. 484.

MANHATTAN TRANSFER beispielsweise die Stadt selbst als die dispersen Erzählstränge zusammenhaltendes Kontinuum. Ebenso haben in diesem Roman bestimmte Orte innerhalb der Stadt wie das Tanzlokal, in dem mehrere Figuren aufeinander treffen, sowie Unfälle oder Brände eine ordnende Funktion, wie Volker Klotz anschaulich darstellt.[58]

Wir haben drei verschiedene Formen des Episodischen herausfiltern können und ihre Eigenschaften bestimmen können.

Zum einen die Episode als eingeschobene Nebenhandlung oder Teil der Haupthandlung, wie wir es am Beispiel des QUIJOTE gesehen haben.

Daneben die Variante der Dominanz einzelner Episoden, die einen Zusammenhalt durch eine Haupt- oder Rahmenhandlung oder einen gemeinsamen Protagonisten erfahren.

Als letzte Spielart schließlich die episodische Erzählweise, die mehrere Handlungsstränge mit unterschiedlichen Protagonisten umfasst, die untereinander nur lose miteinander verknüpft sind. Dies geschieht meist durch Kontakte der einzelnen Protagonisten untereinander, d.h. Verbindungen auf derselben Erzählebene.

Im nächsten Unterkapitel geht es darum, eine ähnliche Struktur auch für das Filmische herauszuarbeiten und mit den Befunden aus der Literatur zu vergleichen.

Es versteht sich von selbst, dass alle hier vorgestellten Strukturmodelle nie über ihren Modellcharakter hinausgehen, also keinen Anspruch auf Allgemeingültigkeit erheben können. Das einzelne literarische Werk oder der einzelne Film stellt meistens eine Schnittstelle zwischen verschiedenen Kategorien dar.

---

[58] Vgl. KLOTZ, V.: *Die Erzählte Stadt*, a.a.O., S. 353.

III.   Zum Episodischen im Film

1.   Forschungsliteratur

Im Bereich des Films findet sich eine ähnliche Situation wie in der Literatur. Selbst diejenigen Erzähltheorien, die sich im Unterschied zur Mehrzahl der Theorien auf den Film beziehen, lassen in weiten Teilen Abhandlungen zur episodischen Erzählweise vermissen. Von den wichtigsten Filmwissenschaftlern und Narratologen, die sich explizit mit dem Erzählen im Film beschäftigt haben, hat dem uns interessierenden Phänomen allein David Bordwell ein Kapitel seines Bandes THE WAY HOLLYWOOD TELLS IT. STORY AND STYLE IN MODERN MOVIES gewidmet.[59] Seine Abhandlungen können jedoch keinen Anspruch auf Vollständigkeit erheben und beschäftigen sich weder mit der Definition der von ihm verwendeten Termini noch mit einer Klassifizierung der verschiedenen filmischen Phänomene, auf die er Bezug nimmt. Deshalb werde ich, wenn es um die Klassifizierung geht, auch auf die Ergebnisse des letzten Kapitels zurückgreifen, um zu überprüfen, ob sich Teile dieser Einteilung auch auf den Film übertragen lassen.

Auch in Drehbuchratgebern sucht man vergeblich nach Hinweisen auf die neuen Erzählformen, wie Katharina Bildhauer, die sich im Rahmen ihrer Dissertation intensiv mit ungewöhnlichen Drehbüchern beschäftigt hat, weiß: „Die Fundgrube, die die auf den vorangegangenen Seiten diskutierten Modelle der Vermittlung von Geschichten bieten, wird in den Drehbuchratgebern des Korpus meist ignoriert. Eine Ausnahme stellt McKee dar, der die Möglichkeit alternativer Formen zumindest ansatzweise erwähnt."[60]

---

[59]   BORDWELL, David: *The Way Hollywood Tells It. Story and Style in Modern Movies*. Berkeley/Los Angeles/London: University of California Press 2006.

[60]   BILDHAUER, Katharina: *Drehbuch reloaded. Erzählen im Kino des 21. Jahrhunderts*, Konstanz: UVK, 2007, S. 204.
In einem der Standardwerke des Drehbuchschreibens geht McKee in dem Kapitel, in dem er die verschiedenen möglichen Strukturen eines Drehbuches beschreibt, kurz auf Filme mit mehreren Protagonisten ein. Es bleibt jedoch bei einer sehr kurzen Beschreibung, weshalb sein Werk für das hier zur Diskussion stehende Thema nicht weiter von Belang ist. (MCKEE, Robert: *El guión: Sustancia, estructura, estilo y principios de la escritura de guiones*, Barcelona: Alba Editorial, 2009, S. 51-92.)

Trotz der mangelnden Ausbeute im Bereich der filmischen Erzähl- und Drehbuch-
theorie gibt es in der deutschsprachigen Filmwissenschaft drei umfangreiche Monographien, die dem Gegenstand mehr oder weniger explizit gewidmet sind. An erster
Stelle zu nennen ist die Dissertation von Karsten Treber AUF ABWEGEN. EPISODI-
SCHES ERZÄHLEN IM FILM, die sich ausschließlich der hier untersuchten narrativen
Form zuwendet. Die Monographie kann als erstes filmwissenschaftliches Werk gelten, das den Versuch einer umfassenden Theorie des Episodischen wagt. Weiterhin
ist das umfangreiche Werk von Florian Mundhenke zu nennen, ZUFALL UND SCHICK-
SAL – MÖGLICHKEIT UND WIRKLICHKEIT, ERSCHEINUNGSWEISEN DES ZUFÄLLIGEN IM
ZEITGENÖSSISCHEN FILM.[61] Er untersucht die Rolle des Zufalls in neueren Filmen,
wobei er auch einige episodische Filme in den Blick nimmt. Dabei ist seine Monographie weniger eine strukturelle Auseinandersetzung mit den narrativen Ausformungen der von ihm untersuchten Filme. Vielmehr handelt es sich um
Einzelfilmanalysen, bei denen das Phänomen des Zufalls mehr oder weniger stark in
den Blick genommen wird. Vor allem in den beiden theoretischen Kapiteln, die seine
Untersuchung einleiten bzw. abschließen, ist eine seiner Themenstellung gerecht
werdende ausschließliche Fokussierung auf den Zufall festzustellen, die demzufolge
keine Hinweise auf das Thema des Episodischen im Film liefert. Als dritte wichtige
Quelle ist die Monographie von Margrit Tröhler, OFFENE WELTEN OHNE HELDEN:
PLURALE FIGURENKONSTELLATIONEN IM FILM, zu nennen. Sie nimmt stellenweise
Bezug auf das Thema, immer jedoch im Hinblick auf die Figurenkonstellationen.
Diese gliedert sie in drei wesentliche Kategorien: die Gruppenfigur, das
Figurenensemble sowie das Figurenmosaik.[62] Dadurch, dass Filme, in denen die
letzten beiden Figurenkonstellationen auftreten, zum Großteil mit den hier als
episodisch definierten Filmen zusammenfallen, ist die Arbeit zum Forschungsstand
des Themas des Episodischen Erzählens im Film zu rechnen, wenngleich sie auch
durch ihre Konzentration auf die Figurenanalyse sowie durch eine sehr markante
(meist allgemein filmische) theoretische Ausrichtung nur stellenweise für die hier
zugrunde gelegte Fragestellung relevant ist.[63]

---

[61] MUNDHENKE, Florian: *Zufall und Schicksal – Möglichkeit und Wirklichkeit, Erscheinungsweisen des Zufälligen im zeitgenössischen Film*, Marburg: Schüren 2008.

[62] Vgl. TRÖHLER, M.: *Offene Welten ohne Helden*, a.a.O., S. 13.

[63] Die Tatsache, dass Filme mit einer Gruppenfigur nicht zum hier untersuchten Forschungsgegen-stand zu zählen sind, werde ich im Kapitel B.III.3. begründen.

Daneben gibt es natürlich zahlreiche Artikel, Aufsätze und Filmkritiken zu einzelnen episodisch erzählten Filmen, in denen das Phänomen des Episodischen zwar immer wieder Erwähnung findet, allerdings nicht zum Gegenstand einer auf Theoriebildung abzielenden Reflexion erhoben wird. Trotzdem können daraus vereinzelt interessante Hinweise entnommen werden. Ein weiterer Titel scheint mir noch der Erwähnung wert. Es handelt sich um einen von Andreas Schreitmüller herausgegebenen Band anlässlich der Retrospektive zum Episodenfilm auf den Oberhausener Kurzfilmtagen 1983. Die Autoren dieses Heftes sahen sich mit derselben Problematik des geringen Forschungsstandes konfrontiert, weshalb Schreitmüller sogar von einer „Lücke in der Filmgeschichtsschreibung" spricht.[64] Weiterhin beklagt er die terminologische Unklarheit[65], die auch in den zwischenzeitlich vergangenen 30 Jahren nicht behoben werden konnte, wie im Kapitel B.III.3. deutlich werden wird.

Ein weiteres Problem ergibt sich bei der Suche nach Literatur im nichtdeutschsprachigen Bereich, vor allem im englischsprachigen, da das Forschungsgebiet noch relativ neu ist und daher noch keine einheitliche Begrifflichkeit gefunden ist. Einen ersten Anhaltspunkt liefern mehrere Filmkritiken Roger Eberts[66], der, Alissa Quart zitierend, den Begriff des *hyperlink cinema* nutzt, um das hier zu untersuchende Phänomen zu benennen.[67] Doch obwohl dieser Terminus sich durchzusetzen scheint[68], habe ich auch nach intensiver Suche in den verschiedensten Online-Katalogen von Bibliotheken weltweit keine englischsprachigen Monographien zu dem Thema finden können. Einen sehr wertvollen Beitrag zum Thema leistet jedoch eine Sonderausgabe der Zeitschrift *Film Criticism*, die narrativen Experimenten im Kino gewidmet ist. Der Beitrag von Charles Ramírez Berg nimmt eine Einteilung der verschiedenen Er-

---

[64] SCHREITMÜLLER, Andreas: „Einleitung", a.a.O., S. 9.

[65] Ebd., S. 7.

[66] Z.B. diejenigen zu CAPE OF GOOD HOPE (Mark Bamford, 2004) oder SYRIANA (Stephen Gaghan, 2005).

[67] "A recent blog item coined a term like "hyperlink movie" to describe plots like this. (I would quote the exact term, but irony of ironies, I've lost the link.) The term describes movies in which the characters inhabit separate stories, but we gradually discover how those in one story are connected to those in another." (EBERT, Roger: *Syriana*, auf: http://rogerebert.suntimes.com/ apps/pbcs.dll/article?AID=/20051208/REVIEWS/51130002/1023).

[68] Auch M. Keith Booker benutzt ihn in seiner Monographie. (BOOKER, Keith M.: *Postmodern Hollywood. What's new in film and why it makes us feel so strange*, Westport, Conn. [u.a.]: Praeger 2007).

zählexperimente vor. Ich werde in B.III.4.a) näher darauf eingehen und seine Einteilung vorstellen.

Somit beschränkt sich der momentan zu ermittelnde Forschungsstand bzgl. der Theorie des Episodischen auf die bereits erwähnten Monographien, die Sonderausgabe von *Film Criticism* sowie auf Anhaltspunkte, die Aufsätzen oder einzelnen Kapiteln aus Werken zur filmwissenschaftlichen Erzähltheorie oder Filmdramaturgie zu entnehmen sind. Da die Dissertation von Karsten Treber den bislang einzigen Versuch im deutschsprachigen Bereich darstellt, das Phänomen des episodischen Erzählens im Film umfassend zu untersuchen, möchte ich die von ihm herausgearbeiteten Thesen zum Episodischen kurz vorstellen und sie um Ergebnisse aus den anderen erwähnten Studien ergänzen. Problematisch ist hierbei, dass Treber sich in dem theoretischen Kapitel, das die Merkmale des Episodischen in kondensierter Form beschreibt, nicht ausschließlich auf den Film bezieht, sondern eher darum bemüht ist, allgemeine Merkmale episodischen Erzählens herauszukristallisieren. Deshalb werden diese Darstellungen mit seinen Erkenntnissen aus den Filmanalysen abgeglichen und nur solche Charakteristika genannt, die er später auch für mehrere Filme nachweisen kann. Generell werde ich nur distinktive Charakteristika nennen. Die herausgearbeiteten Merkmale episodischer Filme sollen als Grundlage für die sich an die Filmanalysen anschließende Diskussion des Episodischen (Kapitel D.V.) dienen. Überprüft werden soll, in wieweit die von ihm genannten Merkmale Allgemeingültigkeit besitzen und auf die hier untersuchten Filme zutreffen, und inwiefern die Film-Trilogie davon abweichende Charakteristika präsentiert und zu einer Ergänzung oder Modifizierung von Trebers Thesen einlädt. Im Kapitel B.III.3. werde ich auf Grundlage der Merkmale episodischen Erzählens eine Arbeitsdefinition formulieren. Im darauffolgenden Unterkapitel werden bereits unternommene Versuche einer Klassifizierung vorgestellt. Daraufhin werde ich eine Synthese derselben, erweitert um eigene Erkenntnisse aus gesichteten Filmen, versuchen.

2. Charakteristika

Einer der Aspekte, der mir als zentral erscheint, und der auch von Treber wiederholt betont wird, ist der, dass es beim episodischen Erzählen „keinen zentralen Haupthandlungsstrang", sondern stattdessen eine Vielzahl von Erzählsträngen gibt[69], in die die erzählerische Instanz eintaucht und die sie wieder verlässt.[70] Margrit Tröhler fasst diese Gestaltung mit dem Begriff der „alternierenden Montage."[71] Gleichzeitig bedeutet dies auch die Brechung mit der aristotelischen Vorschrift der Einheit der Handlung.[72] Mit der Vielzahl der Handlungsstränge ist die Tendenz zur Dezentrierung, Zerrissenheit und Komplexität[73],, sowie zur „Heterogenität und Polyphonie des filmischen Raums"[74] erklärbar, welche diese Erzählform kennzeichnet, sowie die Form des „narrativen Labyrinth[s]", des Puzzles oder Mosaiks[75], mit der sie beschrieben werden kann[76].

Deshalb braucht episodisches Erzählen immer wieder einen „Rahmen erzählerischer Strategien und Prinzipien wie vereinheitlichende Themen, wiederkehrende Standardsituationen, Variationen einiger weniger Motive und Handlungskonflikte sowie fließende akustische Szenenüberleitungen"[77], um die Desorientierung beim Zuschauer einzuschränken. Weiterhin stellt auch die häufig vorzufindende Begrenzung auf Raum und/oder Zeit eine Verbindung zwischen den Episoden her und erleichtert die Orientierung beim Zuschauer.[78] Eine weitere Form der Verklammerung des Zerstreuten ist die einer dominanten Erzählerstimme oder des Einsatzes „einzelner Figuren als narrative ‚Autoritäten', die die Windungen der episodischen Abwege im Stile eines griechischen Chors stellvertretend zusammenfassen und der Erzählung die harmonisierende ‚Einstimmigkeit' einer verbindlichen Moral und Wahrheit verleihen."[79]

---

[69] Vgl. TREBER, K.: *Auf Abwegen*, a.a.O., S. 22.

[70] Vgl. MUNDHENKE, F.: *Zufall und Schicksal*, a.a.O., S. 191.

[71] TRÖHLER, M.: *Offene Welten ohne Helden*, a.a.O., z.B. S. 41, 43, 227.

[72] Vgl. MUNDHENKE, F.: *Zufall und Schicksal*, a.a.O., S. 138.

[73] Vgl. TREBER, K.: *Auf Abwegen*, a.a.O., S. 23.

[74] TRÖHLER, M.: *Offene Welten ohne Helden*, a.a.O., S. 262.

[75] Vgl. MUNDHENKE, F.: *Zufall und Schicksal*, a.a.O., S. 188 sowie TRÖHLER, M.: *Offene Welten ohne Helden*, a.a.O., S. 389. Eine ausführliche Diskussion der verschiedenen Metaphern und Bilder, die zur Beschreibung von Filmen mit pluralen Figurenkonstellationen verwendet werden, findet sich in TRÖHLER, M.: *Offene Welten ohne Helden*, a.a.O., S. 388-393.

[76] TREBER, K.: *Auf Abwegen*, a.a.O., S. 19.

[77] Ebd., S. 23. Vgl. auch TRÖHLER, M.: *Offene Welten ohne Helden*, a.a.O., S. 19, S. 521.

[78] Vgl. TREBER, K.: *Auf Abwegen*, a.a.O., S. 24 sowie MUNDHENKE, F.: *Zufall und Schicksal*, a.a.O., S. 139.

[79] TREBER, K.: *Auf Abwegen*, a.a.O., S. 329. Zu den verschiedenen Arten der Strukturierung, die durch eine Figur erfolgen kann, s. TRÖHLER, M.: *Offene Welten ohne Helden*, a.a.O., S. 149-351.

Auch Florian Mundhenke und Margrit Tröhler sehen diese Schließung als entscheidendes Merkmal.[80]

Die Aufsplitterung in mehrere Erzählstränge geht einher mit einer von Treber beschriebenen Handlungsarmut[81], die aus einer Fragmentierung sowie einer Verzögerung, bisweilen einem Stillstand der Handlung, resultiert, falls diese überhaupt noch auszumachen ist. „Die Handlung hat sich verzettelt", Ursache und Wirkung werden voneinander getrennt oder es lassen sich gar keine Kausalbeziehungen mehr herstellen.[82] Dies führt dazu, dass Karsten Treber im Laufe seiner Untersuchung immer wieder von der „episodischen Unordnung" spricht.[83] Das Fehlen der Kausalität in episodischen Filmen, die fundamental für das klassische Erzählkino ist, wird jedoch von David Bordwell bezweifelt. Er schreibt: „However independent the lines of action may be, each tends to be shaped by the usual goals, obstacles, appointments, deadlines, and the like."[84]

Mit der Vielfalt der Handlungsstränge ist auch ein weiteres Charakteristikum verbunden, das Treber in seiner Studie nennt: die Tendenz episodischer Filme zur Ausbildung einer Figurenhydra. Damit einher geht auch, dass dem Zuschauer die Einsicht in die psychologische Tiefe der Charaktere oft vorenthalten wird. Es wird „weniger Zeit auf die Charakterisierung der einzelnen Figuren verwendet [...], was zum verstärkten Eindruck von Oberflächlichkeit und Klischeebildung führen kann."[85] Margrit Tröhler weist jedoch darauf hin, dass es durchaus auch psychologisch ausgeformte Figuren im Ensemble geben kann.[86] Ein weiteres Charakteristikum, das die Figuren episodischer Filme betrifft, ist der von Treber für beinahe alle von ihm untersuchten Filme konstatierte typische Wechsel von Haupt- zu Nebenfiguren, d.h., dass fast alle Figuren je nach Blickwinkel bzw. je nach Episode mal als Haupt- und mal als Nebenfigur

---

[80] Vgl. z.B. MUNDHENKE, F.: *Zufall und Schicksal*, a.a.O., S. 139; TRÖHLER, M.: *Offene Welten ohne Helden*, a.a.O., S. 315, 353-357.

[81] Vgl. TREBER, K.: *Auf Abwegen*, a.a.O., S. 12. Diese Handlungsarmut wird in einem der ersten episodisch erzählten Filmen GRAND HOTEL (Edmund Goulding, 1932) von Dr. Otternschlag ironisch kommentiert: „Grand Hotel – immer dasselbe. Die Menschen kommen und gehen, und nie geschieht etwas." (zit. nach TREBER, K.: *Auf Abwegen*, a.a.O., S. 59).

[82] Ebd., S. 15.

[83] Ebd., z.B. S. 331.

[84] BORDWELL, D.: *The Way Hollywood Tells It*, a.a.O., S. 98.

[85] TREBER, K.: *Auf Abwegen*, a.a.O., S. 24/25.

[86] Vgl. TRÖHLER, M.: *Offene Welten ohne Helden*, a.a.O., S. 277.

auftreten können.[87] Auch betont der Autor von AUF ABWEGEN, wie der Titel bereits suggeriert, das Daneben, das episodische Filme beleuchten, sowie die gewollten „Entgleisungen", beides Konsequenzen aus der Vielfalt der Handlungsstränge.[88]

Ein weiteres, wenn auch rein formales Kriterium ohne größeres Gewicht, ist die Tatsache, dass episodische Filme zur Überlänge neigen, was in direktem Zusammenhang mit der Vielzahl der Handlungsstränge steht.[89]

Als ebenfalls charakteristisch erachtet Treber das „häufige[s] Fehlen von alles klärenden Auflösungen etablierter Konflikte."[90] In LE FANTÔME DE LA LIBERTÉ (Luis Buñuel, 1974) beispielsweise wird unser Verlangen, alles zu erfahren, bewusst enttäuscht.[91] Auch Mundhenke argumentiert in diese Richtung, wenn er eine für die Reigenfilme, wie er sie nennt, charakteristische Offenheit konstatiert.[92] Für SHORT CUTS (Robert Altman, 1993) stellt er fest: „Es fehlt [...] eine Auflösung, eine Resolution, die es weder innerhalb der einzelnen Geschichten noch in der Dramaturgie der Gesamterzählung gibt."[93] Dies steht, wie die übrigen Charakteristika auch, im Gegensatz zur klassischen Erzählung. Dieses Merkmal trifft jedoch nicht ausschließlich auf episodische Filme zu, sondern ist vor allem auch im europäischen Autorenfilm der 60er Jahre dominant.

„Das Herausarbeiten des Ähnlichen im Verschiedenen"[94], oder die „Einheit in zersplitternder Vielfalt"[95] ist Treber zufolge ein weiteres Merkmal episodischer Erzählungen. Das bedeutet, dass die Vielzahl der Handlungsstränge und Protagonisten im-

---

[87] Vgl. TREBER, K.: *Auf Abwegen*, a.a.O., z.B. S. 161, S. 179, S. 246. Auch Florian Mundhenke weist auf diese Eigenschaft hin (vgl. MUNDHENKE, F.: *Zufall und Schicksal*, a.a.O., S. 490.)

[88] Vgl. TREBER, K.: *Auf Abwegen*, a.a.O., S. 28.

[89] Vgl. ebd., S. 25.

[90] Ebd., S. 24, vgl. auch S. 27.

[91] Vgl. ebd., S. 86.

[92] Vgl. MUNDHENKE, F.: *Zufall und Schicksal*, a.a.O., S. 139 und 145. Zur Terminologie des hier untersuchten Phänomens s. B.III.3. Warum der Terminus Reigenfilm für von ihm in diesem Kapitel untersuchten Filme SHORT CUTS, IL Y A DES JOURS... Y DE LUNES und MAGNOLIA unpassend erscheint wird aus der Beschreibung der Reigenfilme in Kapitel B.III.4.b) deutlich.

[93] Ebd., S. 173.

[94] TREBER, K.: *Auf Abwegen*, a.a.O., S. 23.

[95] Ebd., S. 28.

mer wieder Gemeinsamkeiten aufweisen, die durch die soeben dargestellten dramaturgischen Gestaltungsmittel inszeniert werden.

Sowohl Karsten Treber als auch Margrit Tröhler konstatieren ein Nebeneinander im Raum der verschiedenen Protagonisten.[96] Da die einzelnen Handlungsstränge zunächst meist selbstständig für sich stehen, ohne mit den anderen in Interaktion zu treten, fungiert „[d]er filmische Raum als vereinende Dimension"[97].

> Die formal wichtige Stellung des Raumes und der thematische Schwerpunkt der Beziehungslosigkeit bedingen sich also insofern gegenseitig, als dort, wo eine Gemeinschaft so auseinander gebrochen und entfremdet ist, dass ihre Mitglieder nur noch wenig Gemeinsames vereint, der Raum nahezu das Einzige darstellt, was die Figuren mit ihren unterschiedlichen Wünschen und Lebenswegen noch teilen.[98]

Aus diesem Nebeneinander, das sich durch den Zufall zeitweise in ein – manchmal zweifelhaftes – Miteinander verwandeln kann, jedoch nicht muss, resultiert auch die von Karsten Treber festgestellte kontinuierliche „Spannung zwischen Miteinander und Nebeneinander"[99]. So betont auch Florian Mundhenke, dass es auch zu „Verfehlungen der unabhängigen Kausalketten [kommen kann]."[100]

Des Weiteren wird in episodisch erzählten Filmen immer wieder die Gleichzeitigkeit der Handlungsstränge suggeriert, die wie oben dargelegt auch für die episodische Form in der Literatur konstatierend ist.[101] Simultaneität wird z.B., wie in MYSTERY TRAIN (Jim Jarmusch, 1989) dadurch suggeriert, dass alle Figuren um dieselbe Zeit

---

[96] Vgl. TRÖHLER, M.: *Offene Welten ohne Helden*, a.a.O., S. 40, S. 152 sowie TREBER, K.: *Auf Abwegen*, a.a.O., z.B. S. 36, 37, 331.

[97] TREBER, K.: *Auf Abwegen*, a.a.O., S. 36.

[98] Ebd., S. 37.

[99] Ebd., S. 37.

[100] MUNDHENKE, F.: *Zufall und Schicksal*, a.a.O., S. 170.

[101] Auf diese Suggestion von Gleichzeitigkeit, die die Filme anstreben, weisen alle Autoren hin, die sich mit dem Thema beschäftigt haben, so z.B. TREBER, K.: *Auf Abwegen*, a.a.O., S. 38; MUNDHENKE, F.: *Zufall und Schicksal*, a.a.O., S. 40; Tröhler, M.: *Offene Welten ohne Helden*, a.a.O., S. 261.

eine Radiomoderation und das darauffolgende Lied „Blue Moon" von Elvis Presley hören. Margrit Tröhler bringt die Gleichzeitigkeit mit dem Nebeneinander im Raum zusammen, wenn sie von einem „quasi-simultanen Nebeneinander"[102] spricht. Die Gleichzeitigkeit kann sich filmisch in „tandem narratives" oder „sequential narratives" (Linda Aronson) ausdrücken[103], d.h. entweder in parallel montierten Sequenzen oder „in einem separaten Hintereinander von Geschichten, [...] [die] sich vorwiegend erst gegen Ende der Erzählung miteinander verknüpfen."[104] Festzuhalten bleibt jedoch, dass diese Gleichzeitigkeit im Medium Film immer nur suggeriert werden kann. Im Gegensatz zur Musik, bei der gleichzeitig mehrere Stimmen übereinander gelagert werden können, sind die anderen künstlerischen Medien meist an die Linearität gebunden und müssen Strategien verwenden, die die beabsichtigte Gleichzeitigkeit verdeutlichen. Eine Ausnahme stellt hier der Film TIME CODE (2000) von Mike Figgis dar, der die Gleichzeitigkeit wörtlich umsetzt, indem er das Splitscreen-Verfahren in einer bis dahin wohl unbekannten Radikalität anwendet und während der Gesamtdauer des Films vier verschiedene Aufnahmen in einem Bild komponiert. Eine weitere, theoretisch auch denkbare Möglichkeit wäre die der Überlagerung zweier Bilder im Stile Amos Gitais, der in seinen Filmen mehrfach diese Technik anwendet, wenn auch nicht zur Suggestion von Gleichzeitigkeit. Dieses Verfahren über die Dauer eines gesamten Films anzuwenden, würde jedoch höchstwahrscheinlich zur Reizüberflutung führen und stellt somit eher eine theoretische Möglichkeit des Experiments dar, als dass es als praktikable Lösung des Problems der Gleichzeitigkeit angesehen werden kann.

Aus der Kombination von Gleichzeitigkeit und Nebeneinander ergibt sich auch das in episodischen Filmen rekurrente Motiv des Zufalls. Mehr noch als Zufälle sind es vor allem Koinzidenzen, wenn man der exakteren Definition Mundhenkes folgt, d.h. das zufällige Aufeinandertreffen von mehreren Figuren bzw. Handlungssträngen, die charakteristisch für diejenigen episodisch erzählten Filme sind, bei denen eine wechselseitige Beeinflussung oder zumindest Begegnung der einzelnen Geschichten stattfin-

---

[102] TRÖHLER, M.: *Offene Welten ohne Helden*, a.a.O., S. 261.
[103] Vgl. TREBER, K.: *Auf Abwegen*, a.a.O., S. 38.
[104] Ebd.

det.[105] Daraus folgt, so Treber, auch das häufig zu findende Motiv der Sinnsuche in einer vom Zufall bestimmten Welt.[106]

Sehr interessant in diesem Zusammenhang scheint auch das von Carl Gustav Jung geprägte Konzept der Synchronizität, auf das Karsten Treber im Zusammenhang mit episodischen Filmen hinweist:

> Dieses Konzept beruht auf einer Sicht der Welt als ,unteilbares Netzwerk' und ,Geflecht, in dem jedes noch so unbedeutende Ereignis mit jedem anderen Ereignis verbunden ist.'[107] Synchronizität umfasst die zeitliche Abstimmung und unter Umständen auch räumliche Konvergenz von an sich isolierten Ereignissen, die außerhalb des begrenzten Rahmens von Kausalitätsvorstellungen eine sinnhafte Beziehung miteinander eingehen".[108]

Es handelt sich demnach um eine Sinnfindung trotz eines akausalen Zusammenhangs. Somit wird der Zufall trotz fehlender kausaler Herleitung in einen größeren Sinnzusammenhang eingebettet. Tatsächlich scheinen viele episodisch erzählte Filme nach diesem Prinzip zu funktionieren, da sie die häufig vorkommenden Zufälle durch die Gesamtstruktur des Films und die oben angesprochenen dramaturgischen Mechanismen in einen größeren, sinnvollen Zusammenhang eingliedern, der sich, so auch Treber, jedoch nur dem Zuschauer, nicht aber den Figuren erschließt.[109]

---

[105] Vgl. MUNDHENKE, F.: *Zufall und Schicksal*, a.a.O., S. 19.

[106] Vgl. TREBER, K.: *Auf Abwegen*, a.a.O., S. 28.

[107] COMBS, Allan und HOLLAND, Mark: *Die Magie des Zufalls. Synchronizität – eine neue Wissenschaft* [1990], Übers. Thomas Poppe, Reinbek bei Hamburg: Rowohlt 1992, S. 11, zit,. nach: TREBER, K.: *Auf Abwegen*, a.a.O., S. 43.

[108] TREBER, K.: *Auf Abwegen*, a.a.O., S. 43.

[109] Nicht immer muss eine solche Sinnerschließung stattfinden. Unsere „drängende Suche nach Kontinuität und vereinheitlichendem Sinn zwischen den unterschiedlichen Begebenheiten" kann auch bewusst unterlaufen werden. Darauf weist Karsten Treber in seinen Ausführungen zu MYSTERY TRAIN hin: „Wer erwartet, dass sich mittels Überschneidungen von Erzählsträngen eine höher gestellte, sinnhafte Ordnung ergibt, sieht sich enttäuscht. Vergleichbar mit SLACKER sind die Figuren der drei Episoden von MYSTERY TRAIN in ihren Bewegungen zwar räumlich miteinander vernetzt, aber keinesfalls wechselseitig voneinander abhängig und beeinflussbar. Die episodische Erzählform erscheint hier als Parodie auf die Notwendigkeit bedeutsamer Begegnungen im klassischen Erzählkino". (Alle Zitate: TREBER, K.: *Auf Abwegen*, a.a.O., S. 68).

Ein weiteres Charakteristikum, auf das sowohl Tröhler als auch Mundhenke hinweisen, ist die Realismusnähe episodisch erzählter Filme.[110] Tröhler benutzt immer wieder den Begriff der „Poetik der Norm"[111], um diese von ihr konstatierte „Nähe zwischen Fiktion und historischer Gegenwart"[112] zu beschreiben.

Zur besseren Übersicht habe ich die besprochenen Charakteristika episodischer Filme in einer Tabelle zusammengestellt:

Charakteristisches Merkmal	wird genannt von
Vielzahl von Erzählsträngen, keine Einheit der Handlung, Heterogenität und Polyphonie, Puzzle oder Mosaik	Treber, Mundhenke, Tröhler
Klammern zum Zusammenhalt des Disparaten	Treber, Mundhenke, Tröhler
Handlungsarmut	Treber
Fehlende Kausalität	Treber
Figurenhydra	Treber
fehlende psychologische Tiefe auf Grund der Vielzahl der Protagonisten	Treber
Wechsel von Haupt- zu Nebenfiguren und umgekehrt	Treber
Das Daneben, gewollte Entgleisungen	Treber
Überlänge	Treber
Offenheit; Fehlende Auflösung von Konflikten	Treber, Mundhenke
Ähnliches im Verschiedenen	Treber

---

[110] Vgl. TRÖHLER, M.: *Offene Welten ohne Helden*, a.a.O., S. 114, 115, 154, 228, 234, 244; MUNDHENKE, F.: *Zufall und Schicksal*, a.a.O., S. 138, S. 450.
[111] TRÖHLER, M.: *Offene Welten ohne Helden*, a.a.O., S. 244, 426.
[112] Ebd., S. 114.

räumliches Nebeneinander	Treber, Tröhler
Spannung zwischen Miteinander und Nebeneinander	Treber, Mundhenke
Gleichzeitigkeit	Treber, Mundhenke, Tröhler
Zufall bzw. Konvergenz	Treber, Mundhenke
Synchronizität	Treber
Realismusnähe	Mundhenke, Tröhler

Tab. 1: Charakteristische Merkmale episodisch erzählter Filme und Zuordnung zu den Autoren (eigene Darstellung)

3. Terminologie und Definition

Es gibt eine Vielzahl von Termini, mit denen das hier untersuchte Phänomen beschrieben wird. Diejenigen, die man am häufigsten in der deutsch- und englischsprachigen Literatur findet, sind: „interlocking stories", „rhizomorphous structure", „multi-plot", „multi-character film"/„multi-protagonistischer Film", „ensemble film"/„Ensemblefilm", „Figurenpanorama" oder „Überblicksfilm". Während die ersten drei Begriffe eher auf die Vielzahl der Geschichten und Handlungsstränge verweisen, nehmen die nächsten drei eher die Figurenkonstellation in den Blick. Der Terminus „Überblicksfilm" spielt hingegen auf den Effekt an, der aus der Vielzahl der Protagonisten und Handlungsstränge resultiert. Zunächst soll eine Definition des hier zur Debatte stehenden Phänomens versucht werden, welche sich aus den in Kapitel B.III.2. vorgestellten Charakteristika ergibt. Anhand dieser soll die Genauigkeit der einzelnen Begrifflichkeiten für die in der Definition enthaltenen Filme bestimmt werden.

Definition:

Episodisches Erzählen im Film bedeutet, dass es mehr als zwei Handlungsstränge mit je unterschiedlichen Protagonisten gibt (je Handlungsstrang kann es mehr als einen Protagonisten geben). Wichtig ist hierbei, dass keiner dieser Handlungsstränge in solch einem Ausmaß über die anderen dominieren darf, dass er als Haupthandlung charakterisierbar wird. Die Handlungsstränge können sich auf unterschiedliche Art und Weise kreuzen, treffen und/ oder gegenseitig beeinflussen, können jedoch auch berührungslos nebeneinander verlaufen. Immer jedoch werden sie mindestens durch ein gemeinsames Thema oder andere thematische, stilistische oder personelle Klammern zusammengehalten.

Die Bedingung, dass episodisches Erzählen mehr als zwei Handlungsstränge mit unterschiedlichen Protagonisten benötigt, ergibt sich daraus, dass es im klassisch erzählten Film beinahe immer zwei Handlungsstränge und zwei Protagonisten gibt, wobei der eine meistens eine Liebesgeschichte zwischen den beiden Protagonisten ist und der andere einen weiteren Konflikt darstellt. Karsten Treber sieht diesen Sachverhalt ähnlich, wenn er schreibt, dass „der eigentliche Sprung zum episodisch vernetzten Erzählen [...] somit in der Regel erst durch die Darstellung der weitläufigen Wege und Interaktionen von mindestens drei gleichberechtigten Hauptfiguren erreicht [wird]."[113] Problematisch hierbei ist, dass er nicht spezifiziert, dass diese Protagonisten auch unterschiedlichen Handlungssträngen zugeordnet werden müssen, da es sich sonst auch um einen klassisch erzählten Film mit einer Dreierkonstellation handeln könnte, wie z.B. in THE RED SHOES (Michael Powell, Emeric Pressburger 1948). Treber weist jedoch auch darauf hin, dass auch einige wenige Ausnahmen zu verzeichnen sind, die nur zwei Handlungsstränge aufweisen, jedoch alle anderen Kriterien zur Definition eines episodischen Films erfüllen. Er nennt beispielhaft CRIMES AND MISDEMEANORS (Woody Allen, 1989) und CHUNGKING EXPRESS (Wong Kar-Wai, 1994).[114]

Die vorgeschlagene Definition grenzt auch episodische Filme von Variantenfilmen ab, da diese einen Handlungsstrang mit denselben Protagonisten variieren.

---

[113] TREBER, K.: *Auf Abwegen*, a.a.O., S. 30.
[114] Vgl. ebd., S. 30/31.

Gleichzeitig erfolgt auch die Abgrenzung zu Filmen, bei denen eine Gruppenfigur im Mittelpunkt des Geschehens steht, die aber vom dramaturgischen Aufbau her als klassisch erzählt einzuordnen sind. Hierbei denke ich vor allem an Kriegsfilme wie BLACK HAWK DOWN (Ridley Scott, 2001), bei dem zwar eine Großzahl von Figuren auftreten, jedoch alle dasselbe Ziel verfolgen. Ebenfalls in diese Kategorie fallen die sogenannten Caper-Movies, wie THE ASPHALT JUNGLE (John Huston, 1950) oder Die OCEAN'S....-Serie (Steven Soderbergh 2001/2004/2007). An diesen Beispielen kann man auch sehen, dass die für die hier besprochenen Filme oft verwendeten Termini „multi-character-films", „Ensemblefilm", „multi-protagonist-Film" oder „Figuren-panorama" nicht exakt genug sind, da sie theoretisch auch auf Caper-Movies, Kriegs-filme und andere Filme mit Gruppenfigur angewendet werden könnten. Katharina Bildhauer löst dieses Problem, indem sie schreibt: „Daher ist an dieser Stelle von multiprotagonistischem-mehrsträngigem Erzählen die Rede. Mehrere Protagonisten haben ihren jeweiligen Handlungsstrang, der mit den anderen durch (mit dem Thema zusammenhängende) Geschehnisse oder Dinge verbunden ist."[115] Diese Definition wiederum würde solche Filme ausschließen, welche keine Verbindung zwischen den einzelnen Episoden aufweisen. Dies trifft ebenso für die häufig verwendete englische Beschreibung „interlocking stories" zur Bezeichnung episodisch erzählter Filme zu. Übernimmt man jedoch ausschließlich den von Bildhauer vorgeschlagenen Terminus, ohne die ergänzende Erklärung der gegenseitigen Beeinflussung bzw. Überschnei-dung der Geschichten, so stellt dieser Terminus meines Erachtens die exakteste und gleichzeitig vollständigste Beschreibung des hier behandelten Phänomens dar. Mei-ner Ansicht nach ist er sogar gegenüber dem des Episodischen zu bevorzugen, da die-sem Begriff, wie zu Beginn des Kapitels deutlich wurde, stets das Nebensächliche und Flüchtige anhaftet, das nicht unbedingt auf alle Filme mit mehreren Handlungs-strängen zutrifft.

4.   Klassifizierung

Wie Charles Ramírez Berg ausführt, ist trotz der evidenten Zunahme von Erzählexpe-rimenten im Kino bisher noch keine Klassifizierung derselben erfolgt: „Despite all this alternative narrative activity, however, no one has sought to classify the films by

---

[115] BILDHAUER, K.: Drehbuch reloaded, a.a.O., S. 149.

plot types, which is what I propose to do here."[116] Als Begründung nennt er, dass die meisten Filme, die vom klassischen Paradigma abweichen, dies eher auf der Ebene der Erzählung denn auf der des Stils tun.[117] Diesem Ansatz möchte ich gerne folgen, nachdem im vorherigen Kapitel bereits deutlich geworden ist, dass die Forschung noch weit davon entfernt ist, sich auf eine Begrifflichkeit für verschiedene Gruppen von Filmen mit Erzählexperimenten zu einigen. Wie auch Ramírez, der allerdings seine Kategorisierung für alle Erzählexperimente vornimmt, möchte auch ich eine rein strukturelle Einteilung anstreben. Im Folgenden werde ich die Unterteilungen von Karsten Treber, Florian Mundhenke, David Bordwell, Kristin Thompson, Margrit Tröhler und Charles Ramírez Berg zusammenfassend wiedergeben.

a)   Darstellung bereits erfolgter Klassifizierungen

Karsten Treber nimmt zwei verschiedene Einteilungen episodischer Filme vor. Zunächst einmal eine indirekte, die sich aus seiner Zusammenfassung bestimmter Filme in Kapitel ergibt. Diese Kategorisierung ist jedoch nicht allzu hilfreich, wenn es um die Bestimmung von Strukturen geht, da sie inhaltliche mit strukturellen Kriterien scheinbar unreflektiert mischt. So heißt beispielsweise sein sechstes Kapitel ‚Familienangelegenheiten', womit er eindeutig Bezug auf die thematische Besonderheit der dort behandelten Filme nimmt, während das vierte Kapitel mit dem Titel ‚Narrative Staffelläufe' überschrieben ist, was auf die von ihm im Folgenden beschriebene Reigenstruktur Bezug nimmt. Diese Einteilung ist somit hier nicht weiter von Belang.

In einer weiteren Einteilung grenzt der Autor Episodenfilme von episodisch erzählten Filmen ab. Als Hauptunterscheidungsmerkmal nennt er die wechselseitige Begegnung und Beeinflussung der verschiedenen Handlungsstränge, die er für den episodisch erzählten Film gegeben sieht und für den Episodenfilm nicht. Seine Unterscheidung werde ich in die von mir vorgeschlagene Klassifizierung integrieren und dort näher darauf eingehen.

---

[116] RAMÍREZ BERG, Charles: „A Taxonomy of Alternative Plots in Recent Films: Classifying the 'Tarantino Effect'", in: *Film Criticism*, Fall/Winter 2006, Vol. XXI, Nr. 1-2. 30th Anniversary: Special Double Issue – Complex Narratives, S. 5-61, S. 8.

[117] Vgl. ebd., S. 10/11.

Florian Mundhenke spricht in zwei Kapiteln seiner umfangreichen Untersuchung zum Zufall im zeitgenössischen Film von solchen Filmen, die unter die hier vorgeschlagene Definition des Episodischen fallen. In Kapitel II.2. behandelt er Werke, die er als Reigenfilme bezeichnet, ausgehend von dem Stück Arthur Schnitzlers DER REIGEN, das von Max Ophüls 1950 unter dem Titel LA RONDE verfilmt wurde. In diesem Kapitel behandelt er die Filme SHORT CUTS (Robert Altman, 1993), IL Y A DES JOURS... ET DES LUNES (Claude Lelouch 1990) und MAGNOLIA (Paul Thomas Andersson, 1999). Problematisch erscheint mir hierbei der von ihm gewählte Begriff, da die von ihm diskutierten Filme keineswegs die Struktur des Reigens aufweisen.[118] Das zweite Kapitel, das sich mit episodischen Filmen auseinandersetzt, ist das Kapitel II.4., in dem er 71 FRAGMENTE EINER CHRONOLOGIE DES ZUFALLS (Michael Haneke, 1994), CHUNGKING EXPRESS (Wong Kar Wai, 1994) sowie AMORES PERROS (Alejandro González Iñárritu, 2000) unter dem gemeinsamen Aspekt des „Zufall[s] als Schnittstelle im Sozialraum" behandelt. Auch wenn alle diese Filme nach der hier vorgeschlagenen Definition als episodische gelten, hebt er diese Eigenschaft nicht hervor, sondern stellt die Gemeinsamkeiten der Filme einzig im Hinblick auf den Zufall heraus, weswegen er an dieser Stelle keine entscheidenden Hinweise auf das hier zur Diskussion stehende Phänomen liefert.

David Bordwell untersucht im dritten Kapitel seiner neuesten Monographie ähnlich wie auch Charles Ramírez Berg die Gesamtheit der aktuell zu beobachtenden narrativen Experimente im Kino. Bei den Filmen, die unter die Definition des Episodischen fallen und die er im letzten Abschnitt des Kapitels behandelt, taktiert er zunächst aus, welche Filme überhaupt in die Kategorie *ensemble film* oder *network narrative*[119], wie er die betreffenden Filme nennt, fallen. Übereinstimmend mit unserer Definition sieht auch er drei Protagonisten als Mindestanzahl an, wobei er nicht spezifiziert,

---

[118] Mundhenke erachtet als konstitutiv für den Reigenfilm „ein sehr großes Panoram[a] von Figuren, deren Schicksale gleichberechtigt nebeneinander behandelt werden." (MUNDHENKE, F.: *Zufall und Schicksal*, a.a.O., S. 138). Er grenzt die Reigenfilme zudem von den Emsemblefilmen ab, für die er eine „größere Gruppe von Handelnden" an „einem Schauplatz" als charakteristisch ansieht (ebd.). Damit ist zu vermuten, dass die Filme, die er unter den Begriff Reigenfilme fasst, denjenigen entsprechen, die Margrit Tröhler unter Filme mit einem Figurenmosaiks fasst (vgl. unten).

[119] Es wird an keiner Stelle ersichtlich, wie er die beiden Begriffe definiert bzw. voneinander abgrenzt.

dass diesen auch verschiedene Handlungsstränge zugeordnet werden müssen.[120] Danach unterscheidet Bordwell zwischen den beiden von ihm genannten Kategorien *ensemble film* und *network narrative*. Das Hauptkriterium zum Ziehen der Trennlinie scheint er in der Anzahl der Protagonisten bzw. Handlungsstränge zu sehen, ohne jedoch konkretere Angaben hierzu zu machen.[121]

Nach dieser Abgrenzung zeigt David Bordwell verschiedene Möglichkeiten zur Verbindung der einzelnen Handlungsstränge auf. Er nennt vor allem die Verbindung durch ein zirkulierendes Objekt oder die Schaffung von Zusammenhalt durch einen allen Figuren gemeinsamen Schauplatz. Als dritte Möglichkeit sieht er das Zusammentreffen verschiedener Protagonisten durch einen (Verkehrs-)Unfall.[122]

Eine ähnliche Einteilung wie Bordwell nimmt auch Kristin Thompson vor, die ihre Untersuchung zum New Hollywood nach der Anzahl der Protagonisten der einzelnen Filme einteilt. In der Gruppe der „multiple-protagonist-films" unterscheidet sie dabei zwischen solchen Filmen mit einer Gruppenfigur, denjenigen, bei denen sich einige wenige Handlungsstränge signifikant überlagern wie z.B. in GRAND HOTEL, und solchen, bei denen viele Handlungsstränge in derselben Situation parallel nebeneinander her verlaufen, ohne dabei bedeutende kausale Abhängigkeiten zu entwickeln. Für diese Form nennt sie als Beispiel NASHVILLE (Robert Altman, 1975).[123]

Margrit Tröhler schlägt eine Dreiteilung der pluralen Figurenkonstellationen vor. Zum einen untersucht sie die Konstellation der Gruppenfigur, die uns hier jedoch nicht weiter zu interessieren hat, da sie wie bereits dargelegt nicht unter das episodische Erzählen fällt. Daneben unterscheidet Tröhler zwischen dem Figurenensemble und dem Figurenmosaik sowie den jeweiligen Zwischenstufen. Wichtig anzumerken erscheint mir, dass die Konstellationen des Ensembles und des Mosaiks in ein und demselben Film auftreten können. Das Ensemble kann sich zum Mosaik auseinan-

---

[120] Vgl. BORDWELL, D.: *The Way Hollywood Tells It*, a.a.O., S. 96.

[121] Ebd., S. 99.
Der einzige Anhaltspunkt, den er liefert, sind die folgende Sätze: „But as the number of protagonists grows, their connections can get pretty complicated. [...] What we might call 'network narratives'[...]."

[122] Vgl. Bordwell, D.: *The Way Hollywood Tells It*, a.a.O., S. 97.

[123] Vgl.THOMPSON, Kristin: *Storytelling in the New Hollywood: understanding classical narrative technique*, Cambridge, Mass. [u.a.]: Harvard Univ. Press, 2001, S. 47/48.

derdividieren, oder aber eine Mosaikstruktur kann sich im Laufe des Films zu einem Ensemble schließen.[124] Auch anderweitige Veränderungen der Gruppe wie beispielsweise Reduzierung oder Vergrößerung sind möglich.[125] Die Autorin nimmt somit weniger eine Einteilung von Filmen denn von Figurenkonstellationen vor. Für die Ensemblestruktur im Gegensatz zum Figurenmosaik sieht sie als entscheidenden Punkt an, dass die Figurengruppe sich als solche wahrnimmt, die Figuren sich der Existenz der jeweils anderen bewusst sind bzw. sich untereinander kennen.[126] Weiterhin stellt die Filmwissenschaftlerin fest, dass das Ensemble eine „heterogene, konzentrische Gruppe"[127] von „individuellen RepräsentantInnen"[128] sei, von denen keine/r als Anführer oder Held hervortrete.[129] Dies ist auch für das Mosaik gegeben. Weiterhin sei das Ensemble stets durch einen zentralen Ort und eine begrenzte Zeit gebunden[130] und die Bewegungen und Begegnungen innerhalb der Gruppe stünden über der Entwicklung eines Geschehens.[131] Während letzteres auch für das Mosaik zutrifft, befinden sich die Figuren in der Mosaikkonstellation nicht unbedingt zur selben Zeit am selben Ort.

An den aufgeführten Merkmalen lässt sich leicht feststellen, dass beide hier beschriebenen Figurenkonstellationen relevant für episodisch erzählte Filme sind[132], die Ka-

---

[124] Vgl. TRÖHLER, M.: *Offene Welten ohne Helden*, a.a.O., S.212.

[125] Ebd., S. 332, 334, 336-342.

[126] Vgl. ebd., S. 211.

[127] Ebd., S. 213.

[128] Ebd., S. 212. Ihr Konzept der „individuellen RepräsentantInnen" führt die Autorin folgendermaßen aus: „Sie sind [...] individuell gestaltet und lassen sich nicht einfach verallgemeinern und als Typen eindeutig einer sozialen Klasse oder Idee zuordnen. Die *individuellen Repräsentantlnnen* schwächen so die traditionelle Unterscheidung in ‚Typ' versus ‚Person' oder in ‚flache' versus ‚runde' Charaktere ab. Obwohl als psychologische Figuren konzipiert (im Gegensatz zu den kollektiven Gruppen), verweisen sie auf überindividuelle Wertepositionen und soziale Widersprüche, die *in* die Figurengruppe *hinein*getragen werden und als metonymische Facetten die alltägliche Welt des Mikrokosmos charakterisieren." Somit gesteht Tröhler den Figuren in Ensemblestrukturen eine gewisse Individualität und Psychologisierung zu, im Gegensatz zu Karsten Treber, der dies nicht so sieht.

[129] Ebd., S. 212.

[130] Ebd., S. 213.

[131] Ebd., S. 211.

[132] Anzumerken bleibt jedoch, dass bei manchen Ensemblekonstellationen in einigen von Tröhler erwähnten Filmen der Übergang zu der Gruppenfigur fließend ist, so dass sie nicht mehr unter die episodisch erzählten Filme gezählt werden können.

tegorisierung Tröhlers jedoch auf Grund ihrer Einteilung nach Figurenstrukturen statt nach narrativen Strukturen nicht für die hier angestrebte Einteilung verwertbar ist.

In einem Unterkapitel des „Zwischenspiels 2" geht die Autorin kurz auf verschiedene Ausformungen sowie Prinzipien des Figurenmosaiks ein, und nimmt damit teilweise eine der hier angestrebten Einteilung vergleichbare Unterteilung vor.[133]

Zunächst nennt sie die Episodenfilme, unter denen sie die Aneinanderreihung verschiedener Kurzfilme versteht.[134] Sie weist jedoch auch darauf hin, dass die strikte Trennung zwischen den einzelnen Episoden heute immer weiter aufgelöst wird, und sich die Figuren zunehmens in derselben diegetischen Welt ansiedeln.[135] Des Weiteren weist die Autorin auf die Möglichkeit des Splitscreen-Verfahrens hin, um die Gleichzeitigkeit darzustellen.[136] Als nächste Untergruppe nennt die Autorin Filme, die eine Verästelung aufweisen. Darunter fasst sie sowohl Filme wie SLIDING DOORS (Peter Howitt, 1998), die in der vorliegenden Untersuchung als ereignisbasierte Variantenfilme bezeichnet werden, als auch Filme wie TRAFFIC, PULP FICTION (Quentin Tarantino, 1994) oder LOST HIGHWAY (David Lynch, 1997), wobei sie als Gemeinsamkeit die Zeitschlaufe in den Vordergrund stellt. Eine weitere Ausformung der Struktur des Figurenmosaiks sieht Tröhler in der „Kettenreaktion"[137], die ich weiter unten als Reigenstruktur bezeichnen werde. Hierbei unterscheidet sie zwischen Kreisstrukturen und *Erzählschlange[n]*.[138] Als letztes reißt sie kurz die verschiedenen Ausformungen des Mosaiks an, die sie in ihrem nächsten Hauptkapitel eingehend untersucht. Sie unterscheidet hierbei zwischen Filmen, die einen „*differenzielle[n] Fächer von Portraits*"[139] präsentieren, wie z.B. THE BEST YEARS OF OUR LIVES (William Wyler, 1946), solchen, die eine „*spannungsvolle ‚Beziehungslosigkeit*"[140] inszenieren, wie z.B. FALLEN ANGELS (Wong Kar Wai 1995), oder Filmen, in denen die Figu-

---

[133] Ich werde nur auf die Kategorien eingehen, die dem episodischen Erzählen zuzurechnen sind, und so z.B. die von ihr erwähnten Variantenfilme nicht mit einbeziehen.
[134] TRÖHLER, M.: *Offene Welten ohne Helden*, a.a.O., S. 365.
[135] Vgl. ebd., S. 368.
[136] Vgl. ebd., S. 373/74.
[137] Vgl. ebd., S. 379.
[138] Vgl. ebd., S. 379/80.
[139] Ebd., S. 381.
[140] Ebd., S. 382.

ren in ein „relationale[s] Netz"[141] verstrickt sind, wie z.b. in SHORT CUTS (Robert Altman, 1993).

Charles Ramírez Berg teilt in seinem Aufsatz A TAXONOMY OF ALTERNATIVE PLOTS IN RECENT FILMS: CLASSIFYING THE "TARANTINO EFFECT" [142] aktuelle Erzählexperimente in zwölf verschiedene Gruppen ein. Vier davon fallen laut der hier angeführten Definition in die Gruppe der episodischen Filme.

Eine davon ist die des „Polyphonic or Ensemble Plot – multiple protagonists, single location".[143] Darunter fasst Ramírez Filme, die mehrere Protagonisten haben, welche jedoch kein gemeinsames Ziel verfolgen.[144] Als weiteres Kriterium nennt er, dass keine der Handlungen mehr Gewicht haben dürfe als andere. Außerdem sei ein Charakteristikum, dass der polyphone Plot eine Einheit von Ort und Zeit aufweise. Eine weitere interessante Eigenschaft solcher Filme ist laut Ramírez das seltene Auftreten dieser Form im Genre der Komödie: „Polyphonic films may have some amusing moments, but filmmakers tend to use them to render the complex, multi-faceted nature of an entire society. This is the plot of choice for portraying a social cross-section."[145]

Eine zweite Kategorie, die Ramírez nennt, ist die des „Parallel Plot – multiple protagonists in different times and/or spaces".[146] Diese, so der Autor, sei der vorherigen ähnlich, mit dem Unterschied, dass die Protagonisten sich nicht am selben Ort bzw. in derselben Zeit befänden. Ein weiteres Charakteristikum ist für ihn, dass die Anzahl der verschiedenen Handlungsstränge vier niemals überschreite. Die Gründe dafür sieht er hauptsächlich im Bereich der Produktion und Rezeption verortet.[147]

---

[141] Ebd., S. 384.

[142] Ich werde hier nur auf diejenigen seiner Kategorien eingehen, die nach obiger Definition unter die Kategorie des episodischen Erzählens fallen.

[143] RAMÍREZ BERG, C.: „A Taxonomy of Alternative Plots", a.a.O., S. 14.

[144] Dies ist die gleiche Bedingung, die auch in der in Kapitel B.III.3. vorgeschlagenen Definition zum Tragen kommt und die Filme mit einer Gruppenfigur ausschließt.

[145] Vgl. ebd., S. 14-18, Zitat S. 18.

[146] Ebd., S. 18.

[147] Vgl. ebd., S. 18-19.

Die dritte Gruppe von Filmen, die hier von Belang ist, ist die von ihm genannte „The Daisy Chain Plot – no central protagonist, one character leads to the next".[148] Auch hier erzählen die Filme von mehreren Protagonisten, jedoch sind die Episoden nicht miteinander verschränkt, sondern die Geschichte springt von einer Figur zur nächsten, oft indem sie einem bestimmten Objekt folgt. „An alternative form of this narrative follows one character after another in tandem, as they come into contact with each other, rather than with a common, linking object."[149]

Als letzte Kategorie, die hier von Interesse ist, nennt Ramírez Berg den "Hub and Spoke-Plot – multiple character's story lines intersect decisively at one time and place".[150] Auch hier haben wir es wieder mit mehreren Protagonisten und ihren jeweiligen Geschichten zu tun, die sich an einem Ort zu einem bestimmten Zeitpunkt treffen. „Like the Polyphonic Plot, its multiple protagonists occupy the same space and time, have different goals, and are all more or less equal in narrative stature. Similar to the Parallel Plot, there seems to be a limit to the number of sub-narratives, none exceeding four."[151] Eine wichtige Eigenschaft dieser Filme, zu denen er auch AMORES PERROS und 21 GRAMS zählt, sei, dass sie ein Ereignis aus unterschiedlichen Perspektiven zeigen.[152] Eine entscheidende Rolle spielten in solchen Filmen Zufall, Koinzidenz und Schicksal, da eine Reihe von Zufällen erst dazu führte, dass sich die Figuren träfen.[153]

b) Versuch einer eigenen Klassifizierung

Die **Episode als Einschub oder Neben- oder Teil der Haupthandlung**, die wir in der Literatur vorgefunden haben, existiert auch im Film. Auf Grund der begrenzten Länge der Filme finden sich in klassisch erzählten Filmen jedoch weniger lange Episoden (wie dies etwa im DON QUIJOTE der Fall ist). Wenn es mehrere längere Episoden gibt, sind die Filme bereits dem episodischen Erzählen zuzurechnen. Episoden im Film fungieren einmal vor allem als komische Einschübe, die zur Auflockerung die-

---

[148] Ebd., S. 24.
[149] Ebd., S. 25.
[150] Ebd., S. 39.
[151] Ebd., S. 39.
[152] Auf diesen Punkt werde ich im Kapitel E.V. genauer eingehen.
[153] Vgl. ebd., S. 40.

nen. Zudem können sie auch der Charakterisierung einer Hauptfigur dienen.[154] Wichtig zu erwähnen scheint auch, dass der Begriff der Episode im audiovisuellen Bereich noch eine weitere Bedeutung erfährt, obgleich diese nichts mit dem hier behandelten Thema zu tun hat. Der Begriff bezeichnet die Untereinheit der Staffel einer Fernsehserie, d.h. die einzelne Folge derselben.

In Analogie zu dem Beobachteten in der Literatur finden wir auch im Film Erzählformen, die nach dem Prinzip **mehrere Episoden, die durch eine Hauptfigur verknüpft sind,** funktionieren. Zum einen gibt es Literaturverfilmungen wie Josef von Bakys MÜNCHHAUSEN (1943), die durch die namensgebende Hauptfigur verknüpft einzelne (Lügen-)geschichten erzählen. Andererseits finden wir eine spezifisch filmische Form, die sich diese Art des Erzählens zu eigen gemacht hat. Die Rede ist vom *Roadmovie*, in dem ein oder mehrere Protagonisten eine Reise unternehmen, auf der sie viele einzelne Episoden durchleben. Berühmte Beispiele dieses ursprünglich nordamerikanischen Genres finden sich heute in allen Filmkulturen. Filmbeispiele wären z.B. IM LAUF DER ZEIT (Wim Wenders, 1976), BONNIE AND CLYDE (Arthur Penn, 1967), THE STRAIGHT STORY (David Lynch, 1999) oder QUÉ TAN LEJOS (Tania Hermida, 2006). Im finnischen *Roadmovie* LENINGRAD COWBOYS GO AMERICA (Aki Kaurismäki, 1989) wird die episodische Struktur sogar durch die die einzelnen Episoden ankündigenden Zwischentitel zur Schau gestellt. Daneben gibt es noch eine weitere filmische Form, die durch eine Aneinanderreihung von Einzelepisoden bei gleichbleibenden Protagonisten gekennzeichnet ist. Die Rede ist von Slapstickfilmen, wie sie vor allem in der Frühzeit des Kinos zu finden ist. Treber nennt als Beispiel die Marx Brothers, deren Filme er als „Ansammlung von aberwitzigen Nummern und *routines*" beschreibt. Auch die anderen filmischen Slapstickgrößen wie Max Linder, Charlie Chaplin, Buster Keaton oder Harold Lloyd führen in ihren Filmen eine paradigmatische Aneinanderreihung von Sketchen vor. Der Zusammenhalt der ‚Nummernrevue' wird hierbei natürlich vor allem durch die jeweilige Figur erreicht. Besonders in den Langfilmen erfahren die episodischen Paradigmen zusätzlich eine Eingliederung in das Syntagma der Fabel.

---

[154] Vgl. TREBER, K.: *Auf Abwegen*, a.a.O., S. 16.

Eine weitere Art, einzelne, scheinbar unabhängige Geschichten miteinander zu verknüpfen, ist die Verbindung über einen **gemeinsamen Schauplatz**, wie dies in vielen ‚Stadtfilmen' der Fall ist, wie z.b. PARIS JE T'AIME (verschiedene Regisseure, 2006) oder NEW YORK STORIES (Woody Allen, Francis Ford Coppola, Martin Scorsese, 1989). Eine weitere Alternative ist die des **gemeinsamen Themas oder Motivs** wie z.B. in INTOLERANCE (D.W. Griffith, 1916), dem ersten Film, der sich dieser Struktur bedient[155], NIGHT ON EARTH (Jim Jarmusch, 1991) oder 11'09"01 - SEPTEMBER 11 (verschiedene Regisseure, u.a. Iñárritu mit der Episode MEXICO, 2002). Kennzeichnend für diese Art von Filmen ist mit Karsten Treber und Andreas Schreitmüller, dass die einzelnen Episoden zwar über ein gemeinsames Thema, denselben Schauplatz, denselben Darsteller oder Schriftsteller oder über den gemeinsamen technischen Stab für den Zuschauer miteinander verknüpft sind, jedoch nicht auf der Ebene der Diegese.[156] Das heißt, dass die Figuren der unterschiedlichen Episoden sich der Existenz der anderen nicht bewusst sind; sie begegnen sich nicht und nehmen vor allem auch keinen wechselseitigen Einfluss aufeinander bzw. auf die Entwicklung der jeweiligen Geschichten. Diese Art Filme bezeichnet Treber als **Episodenfilme**[157], über die er schreibt: „Es handelt sich um voneinander getrennte diegetische Räume und Kausalketten, welche sich an keiner Stelle überschneiden. […] Ein Episodenfilm kann daher wie ein ‚Themenabend' von Kurzfilmen anmuten, die alle auch allein für sich aufge-

---

[155] Vgl. ROTHER, Rainer: „‚Jahrtausende sausen vorüber'. Episode und Epoche im stummen Film", in: RÜFFERT, Christine/SCHENK, Irmbert/SCHMID, Karl-Heinz/TEWS, Alfred/Bremer Symposium zum Film (Hrsg.): *Zeitsprünge. Wie Filme Geschichte(n) erzählen*, Berlin: Bertz+Fischer 2004, S. 162-169, S. 163 sowie TREBER, K.: *Auf Abwegen*, a.a.O., S. 17.

[156] Vgl. TREBER, K.: *Auf Abwegen*, a.a.O., S. 17; SCHREITMÜLLER, Andreas: „‚Episodic, of course, but well done…'. Omnibusfilme: Motivationen, Bauformen, Kategorien", in: ders.: *Filme aus Filmen. Möglichkeiten des Episodenfilms*, Oberhausen, Laufen 1983, S. 31-42, S. 35-37.

[157] Diese Form wird oft auch Omnibusfilm genannt, jedoch nur, wenn die einzelnen Episoden bzw. Kurzfilme von unterschiedlichen Regisseuren gedreht wurden (vgl. SCHREITMÜLLER, Andreas: „Einleitung", in: ders.: *Filme aus Filmen. Möglichkeiten des Episodenfilms*, Oberhausen, Laufen 1983, S. 7-10, S. 8).
Wichtig erscheint mir hier auch zu erwähnen, dass der Terminus des Episodenfilms sehr unterschiedlich verstanden wird und auf die unterschiedlichsten Produktionen angewandt wird. So wird er oft als Sammelbegriff für alle episodischen Formen im Film verwendet. Wie Andreas Schreitmüller in seiner Einleitung zu dem Band „Filme aus Filmen – Möglichkeiten des Episodenfilms" darlegt, wird der Begriff zuweilen sogar für Kompilationsfilme, Filmische Anthologien, Kollektivfilme und Fortsetzungsfilme verwendet, die für ihn jedoch „etwas grundsätzlich anderes darstellen", was auch mit der hier vorgeschlagenen Definition kompatibel ist (vgl.SCHREITMÜLLER, A.: „Einleitung", a.a.O., S. 7).

führt werden könnten, ohne das Verständnis des Zuschauers innerhalb der gesonderten Handlungszusammenhänge zu beeinträchtigen."[158]

Die Stadt steht ebenfalls als verknüpfendes Element in den sogenannten **Querschnittsfilmen**[159], die im Kontext der filmischen Avantgarde zu Beginn des Jahrhunderts entstanden sind. Als Beispiel wäre hier BERLIN – DIE SYMPHONIE DER GROß-STADT (1927) von Walter Ruttmann zu nennen. An der Grenze zum Dokumentarischen zeichnet dieser Film ein aus episodischen Fragmenten zusammengesetztes Portrait Berlins. Eine andere Art des Querschnitts durch das alltägliche Leben ergibt sich, indem nicht die Stadt als vereinigendes Element in den Mittelpunkt gestellt wird, sondern ein Gegenstand, wie es in dem heute als verschollen geltenden DIE ABENTEUER EINES ZEHNMARKSCHEINES (Berthold Viertel, 1926), nach dem Manuskript von Béla Balázs, erstmals der Fall ist[160]. Diese Art episodischen Erzählens beschreibt Béla Balázs wie folgt: „Der Zehnmarkschein geht da von Hand zu Hand und gibt Schicksal weiter wie eine Ansteckung. Der Weg der Banknote ergibt die einzige Linie der Ereignisse, die einander ins Rollen bringen, ohne innere Beziehung zueinander zu haben."[161]

Das Leben, das nicht in einer Richtung eines einzelnen, schmalen Schicksalswegs, sondern im Querschnitt betrachtet wird, erscheint nicht mehr als das Leben eines Bestimmten, den wir nicht kennen, sondern es erscheint als das Leben schlechthin im allgemeinen, das wir ja kennen, und das uns darum nicht ausgedacht, nicht künstlich konstruiert vorkommt.[162]

---

[158] TREBER, K.: *Auf Abwegen*, a.a.O., S. 17/18.

[159] Interessant ist der Zusammenhang mit dem Episodischen, den Margrit Tröhler beschreibt: Vom Querschnittfilm [sic] ist hier [in Bezug auf neorealistische Filme] zwar nicht mehr die Rede, doch die Argumente zur Beschreibung der beiden Modelle lassen die Vermutung zu, dass der ,Episodenfilm' den Begriff aus den 1920er Jahren abgelöst hat." (TRÖHLER, M.: *Offene Welten ohne Helden*, a.a.O., S. 159, Fußnote 138). Einen sehr guten Überblick über die Entwicklung vom Querschnittsfilm der zwanziger Jahre bis zu den pluralen Figurenkonstellationen, die seit den 90er Jahren verstärkt zu beobachten sind, bietet die Autorin auf den Seiten 158-166.

[160] Vgl. BALÁZS, Béla: *Der Geist des Films*, Frankfurt am Main: Suhrkamp 2001, S.71/72.

[161] Ebd.

[162] Ebd., S. 71.

Karsten Treber fasst diese Art von Filme mit solchen, die nach einer Reigenstruktur (s.u.) funktionieren, im Kapitel „Narrative ‚Staffelläufe'" zusammen, da jeweils ein bestimmter Gegenstand wie ein Staffelstab weitergegeben wird. In Käutners IN JENEN TAGEN (1947) ist dies ein Auto, in DIE ROTE VIOLINE (François Girard, 1998) eine als perfekt verarbeitet geltende Geige. Hierbei steht nicht mehr das Portrait einer Stadt oder einer Gesellschaft im Mittelpunkt, sondern vielmehr wird ein Gegenstand zum personalisierten Protagonisten und seine ‚Lebensgeschichte' wird nachgezeichnet. Er funktioniert als „narrativer Wegbereiter der episodischen Blickverlagerung."[163] Die Personalisierung des Gegenstandes ist besonders deutlich in DIE ROTE VIOLINE zu beobachten, wo durch das Lackieren des Instruments mit dem Blut Annas eine Verbindung zwischen der verstorbenen Frau des Geigenbauers und der Violine hergestellt wird. Diese Einheit wird noch akzentuiert durch die Zwischenschnitte, die die Wahrsagerin Cesca zeigen. Anhand von fünf Karten sagt sie Anna die Zukunft voraus. Vor jede Episode wird die Deutung einer Karte geschnitten, welche sich dann im folgenden Segment an der Violine erfüllt. Durch dieses Vorhandensein eines ‚Protagonisten' wird ein Gegengewicht zur episodischen Zerstückelung geschaffen, das den Film an klassische Erzählungen annähert.

Eine diesem Muster sehr ähnliche Form des Episodischen sind diejenigen Filme, die eine **Reigenstruktur** aufweisen. Das Charakteristische an Filmen, die wie ein Reigen aufgebaut sind, lässt sich anhand des gleichnamigen Filmbeispiels von Max Ophüls aus dem Jahre 1950 gut illustrieren. Der Reigen beginnt mit einer Figur, in diesem Fall der Dirne, die auf eine weitere Person trifft, hier den Soldaten, und nach einer gemeinsamen Nacht aus dem Reigen ausscheidet. Die Kamera folgt nun dem Soldaten, der wiederum eine Partnerin für ein nächtliches Stelldichein findet, um dann seinerseits aus dem Reigen auszuscheiden. Der Kreis schließt sich, indem der Letzte des Reigens, der Graf, in der letzten Episode des Films auf die Dirne trifft. Auch in anderen Filmen lässt sich eine ähnliche Struktur beobachten. Kennzeichnend ist immer, dass zunächst eine Figur oder Figurengruppe eingeführt wird, was sie als Protagonisten erscheinen lässt. Kurze Zeit später jedoch verlässt die Kamera diese Person ganz unvermittelt und folgt einer anderen, meist räumlich nahen Person, die sich damit von einer Neben- in eine Hauptfigur verwandelt. Damit ist der Unterschied zu den Querschnittsfilmen, wie Balazs sie beschreibt, die Tatsache, dass bei dem filmischen Reigen die Verbindungen zwischen den Episoden durch Figuren hergestellt werden, bei

---

[163] TREBER, K.: *Auf Abwegen*, a.a.O., S. 115.

den Querschnittsfilmen hingegen durch einen Gegenstand. Beide Kategorien zusammen entsprechen dem von Ramírez Berg genannten Muster des *Daisy Chain-Plot*.

Zuletzt wäre die große Gruppe **episodisch erzählter Filme** zu nennen, bei denen zwar eine Verbindung bzw. ein Kontakt der einzelnen Erzählstränge bzw. Protagonisten innerhalb der Diegese zustande kommt und die deshalb nicht der Gruppe der Episodenfilme zuzurechnen sind, die jedoch auch weder eine Reigenstruktur aufweisen noch den Filmen mit einer Rahmenhandlung oder einem Einzelprotagonisten angehören. Bei den episodisch erzählten Filmen kann man nochmals zwischen zwei Unterkategorien unterscheiden: Einerseits gibt es Filme, deren Protagonisten nur aneinander vorbeistreifen, ohne sich zu kennen oder ihre Geschichten wechselseitig zu beeinflussen, wie dies z.b. in NACHTGESTALTEN (Andreas Dresen, 1999) oder MYSTERY TRAIN (Jim Jarmusch, 1989) der Fall ist. Andererseits gibt es Filme, deren Handlungsstränge unauflösbar miteinander verwoben sind, wie z.b. in TRAFFIC oder 11:14 (Greg Marcks, 2003), und für sich alleine stehend unvollständig oder sogar gänzlich unverständlich wären. Diese beiden Ausformungen stellen meines Erachtens die beiden äußeren Pole einer weiten Skala dar, auf der sich die unterschiedlichsten Spielarten episodischen Erzählens bewegen. Weiterhin kann man unterscheiden zwischen Filmen, die ein begrenztes Figurenarsenal aufweisen und solchen, die eine beinahe unüberschaubare Anzahl an Figuren interagieren lassen, wie dies vor allem in den episodischen Filmen Robert Altmans der Fall ist. Diese beiden Formen entsprächen David Bordwells *ensemble* bzw. *network narrative*. Ein weiteres Kriterium zur Kategorisierung der Filme ist die Art der Verbindung der Episoden untereinander. Die am häufigsten eingesetzten Möglichkeiten sind die des gemeinsamen Handlungsortes, der zufällige und bewusst herbeigeführte Begegnungen ermöglicht, wie es in den meisten Filmen Robert Altmans oder auch in dem frühesten Beispiel des episodischen Films GRAND HOTEL der Fall ist. Eine weitere Variante stellt die Kreuzung der Handlungsstränge durch ein Ereignis wie z.b. einen Unfall dar, wie in allen drei der hier besprochenen Filme. Dies entspräche Ramírez Bergs *Hub and Spoke-Plot*. Margrit Tröhler weist des Weiteren auf die Möglichkeit hin, dass eine Figur eine zentrierende Funktion ausübt und so die Handlungsstränge miteinander vereint.[164]

---

[164] Vgl. TRÖHLER, M.: *Offene Welten ohne Helden*, a.a.O., S. 349-351.

Eine besondere Spielart des Episodischen stellt der Film TIME CODE (Mike Figgis, 2000) dar, der durch vier gleichzeitig (durch Splitscreen) verlaufende Geschichten das Prinzip des Nebeneinanders und der Gleichzeitigkeit wortwörtlich umsetzt und dadurch stark experimentellen Charakter hat. Was die einzelnen Geschichten und ihre Verknüpfung untereinander angeht, lässt er sich jedoch problemlos in die vorherige Kategorie einordnen.

Dass diese Definitionen nur ein Modell beschreiben können, das der Realität einzelner Filme immer nur annähernd gerecht wird, lässt sich am Beispiel des Films NINE LIVES (Rodrigo García, 2005) gut zeigen. Dieser Film funktioniert auf den ersten Blick wie ein Episodenfilm. Neun Geschichten von neun unterschiedlichen Frauen werden hintereinander erzählt, jede einzelne eingeleitet durch einen Titel mit dem jeweiligen Namen. Bis zur vierten Episode hat es den Anschein, als sei jede Episode komplett unabhängig von allen anderen und der Film mutet beinahe wie die von Treber beschriebene Aneinanderreihung von Kurzfilmen an. In der vierten Episode jedoch treffen wir auf einmal Damian, eine Figur, die wir aus der zweiten Episode kennen, wieder. Ebenso verhält es sich mit Sandra, der Protagonistin der ersten Episode, die in der siebten erneut zu sehen ist. Auch Holly (Episoden drei und acht), Lisa (Episoden vier und sechs) und Ruth (Episoden fünf und sieben) treten jeweils zweimal im Film auf. Dabei ist jedoch zu beachten, dass die Figuren bei ihrem zweiten Auftritt (mit Ausnahme von Ruth, bei der es umgekehrt ist), nur am Rande, gewissermaßen als Nebenfiguren, an der Geschichte beteiligt sind und diese nicht maßgeblich beeinflussen. Somit wird deutlich, dass die Unterscheidung Trebers zwischen Episodenfilm und episodisch erzähltem Film, die auch ich übernommen habe, hier bereits an ihre Grenzen stößt. Einerseits sind die Episoden klar voneinander abgegrenzt hintereinander geschaltet, jede scheinbar unabhängig voneinander, und die handelnden Figuren, wenn sie denn zweimal auftreten, nehmen außerhalb „ihrer" Geschichte auch keinen merklichen Einfluss auf das Handlungsgeschehen. Jedoch ist es nicht so, dass sich die Figuren gar nicht begegnen oder kennen, wie es laut Definition für einen Episodenfilm nötig wäre. Da jedoch die meisten Merkmale in Richtung des Episodenfilms weisen, würde man ihn, müsste man sich entscheiden, sicherlich als solchen klassifizieren. Wo jedoch ist dann der Unterschied zu Filmen wie MYSTERY TRAIN (Jim Jarmusch, 1989) oder NACHTGESTALTEN (Andreas Dresen, 1999) zu sehen? Diese Beispiele verdeutlichen, dass es sich bei jedem Versuch einer

Klassifizierung des episodischen Erzählens im Kino immer nur um eine modellhafte Annäherung an die filmische Wirklichkeit handeln kann. Dies kann natürlich einerseits frustrierend für den Filmwissenschaftler sein, andererseits zeugt dies jedoch auch von dem Reichtum des Kinos, das jeder theoretischen Erschließung immer schon einen Schritt voraus ist, und deshalb hoffentlich noch lange mit immer neuen Geschichten und Formen diese zu erzählen aufwartet.

Im Verlauf dieser Studie soll nun hauptsächlich auf die letzte der hier vorgestellten Kategorien, jener der episodisch erzählten Filme, eingegangen werden, da die Filme Iñárritus am ehesten dieser Gruppe zugeordnet werden können. Was die Terminologie angeht, werde ich den Begriff des ‚Episodischen‘ sowie den der ‚episodischen Filme‘ für die Gesamtheit der unter die hier vorgeschlagene Definition fallenden Filme verwenden. Den Terminus des ‚episodisch erzählten Films‘ behalte ich mir für die Filme vor, die ich in der Klassifizierung unter diesem Begriff gefasst habe.

IV.   Das Modell des Rhizoms

Ein Modell, das man auf episodische Strukturen anwenden kann, wird im Text RHIZOM von Gilles Deleuze und Félix Guatarri beschrieben. Die beiden Autoren führen mit ihrem Sinnbild einen Begriff ein, der in vielen Bereichen Anerkennung gefunden hat und auf die unterschiedlichsten Phänomene angewendet wird. Ich möchte hier kurz den poststrukturalistischen Denkansatz der beiden Autoren umreißen, um dann an einigen Stellen der Analyse auf ihr Modell zurückzukommen.

Die Autoren benutzen dieses Konzept, um ein Denkmodell zu beschreiben, das sie explizit von dem traditionellen, strukturalistischen, binären Modell des Baumes abgrenzen, welches sie als die „Wirklichkeit und das gesamte Denken des Abendlandes bescherrsch[end]“[165] ansehen. Demgegenüber stellen sie ein Modell aus der Natur, denn: „Die Natur geht so [nach der Formel: Aus Eins wird Zwei] nicht vor: dort sind Wurzeln Pfahlwurzeln mit zahlreichen Verzweigungen, seitlichen und sternförmigen,

---

[165] DELEUZE, Gilles/GUATTARI, Félix: *Rhizom*, Berlin: Merve-Verlag 1977, S. 29.

jedenfalls keinen dichotomischen. Der Geist bleibt hinter der Natur zurück."[166] Ein weiterer wichtiger Grund sich gegen die „binäre Logik"[167] zu wenden scheint, dass sie diese in Verbindung mit Machtstrukturen sehen. „Die Autoren sprechen hier von Diktatur-Theoremen. Und dies ist auch das Prinzip der Wurzelbäume oder der Ausweg, die Lösung der kleinen Wurzeln, die Struktur der Macht."[168] Dies ist insofern verständlich, als die binäre Baumstruktur vor allem dadurch gekennzeichnet ist, dass sie immer ein Zentrum besitzt, auf das sich alles zurückführen lässt und von dem alle Teilungen ausgehen.

Die Autoren setzen diesen zentrierten Systemen nicht zentrierte Systeme entgegen, Netzwerke endlicher Automaten, in denen die Kommunikation zwischen beliebigen Nachbarn verläuft, und Stengel [sic] oder Kanäle nicht schon von vorneherein existieren; wo alle Individuen miteinander vertauschbar und nur durch einen momentanen Zustand definiert sind, so daß lokale Operationen sich koordinieren und sich das allgemeine Endergebnis unabhängig von einer zentralen Instanz synchronisiert.[169]

Deleuze und Guattari nennen sechs Charakteristika, die für sie das Rhizom ausmachen. Sie beginnen mit dem „Prinzip der Konnexion und der Heterogenität. Jeder beliebige Punkt eines Rhizoms kann und muss mit jedem anderen verbunden werden. Ganz anders dagegen der Baum oder die Wurzel, wo ein Punkt und eine Ordnung festgesetzt werden."[170] Ebenso zentral ist der Begriff der „Vielheit":

Vielheiten sind rhizomatisch und entlarven die baumartigen Pseudo-Vielheiten. Keine Einheit, die im Objekt als Stütze fungiert oder sich im Subjekt teilt. Nicht einmal eine Einheit, die im Objekt verkümmert, um im Subjekt ‚wiederzukehren'. Eine Vielheit hat weder Subjekt noch Objekt; sie wird ausschließlich durch Determinierungen, Größen und Dimensionen definiert, die nicht wachsen, ohne dass sie sich dabei gleichzeitig verändert (die Kombinationsgesetze wachsen also mit der Vielheit).[171]

---

[166] Ebd., S. 8.
[167] Ebd.
[168] Ebd., S. 28.
[169] Ebd., S. 28.
[170] Ebd., S. 11.
[171] Ebd., S. 13.

Danach nennen die Autoren das „Prinzip des asignifikanten Bruchs."[172]

> Ein Rhizom kann an jeder beliebigen Stelle gebrochen und zerstört werden; es wuchert entlang seinen eigenen oder anderen Linien weiter. [...] Jedesmal, wenn segmentäre Linien in eine Fluchtlinie explodieren, gibt es Bruch im Rhizom, aber die Fluchtlinie ist selbst Teil des Rhizoms. Diese Linien verweisen ununterbrochen aufeinander. Deshalb kann man nie von einem Dualismus oder eine Dichotomie ausgehen, auch nicht in der rudimentären Form von Gut und Böse."[173]

Zuletzt charakterisiert ein Rhizom das „Prinzip der Kartographie und der Dekalkomonie[174]: ein Rhizom ist keinem strukturalen oder generativen Modell verpflichtet. Es kennt keine genetische Achsen oder Tiefenstrukturen. [...] Es ist Karte und nicht Kopie. [...] Die Karte ist offen, sie kann in allen ihren Dimensionen verbunden, demontiert und umgekehrt werden, sie ist ständig modifizierbar."[175] Ein weiteres wichtiges Charakteristikum des Rhizoms ist es, „viele Eingänge zu haben."[176]

Im weiteren Verlauf der Untersuchung soll gezeigt werden, in wie weit dieses Denkmodell auf episodisch erzählte Filme im Allgemeinen und auf die Trilogie von Alejandro González Iñárritu im Speziellen angewandt werden kann.

---

[172] Ebd., S. 16.

[173] Ebd.

[174] Dekalkomonie = Abziehbild; Verfahren, Abziehbilder herzustellen (A.d.Ü.), ebd., S. 20.

[175] Ebd., S. 20/21.

[176] Ebd., S. 21.

C. Filmanalysen

I. AMORES PERROS

Der Titel

Amores Perros. Zwei Wörter, die normalerweise Substantive sind. In diesem Fall scheint jedoch eines der Substantive die Funktion eines Adjektivs zu übernehmen. Nach der Regel, dass im Spanischen die Adjektive mit unterscheidender Funktion immer nachgestellt werden, wäre das in dem Fall *Perros.* Somit wäre die Schlussfolgerung, dass die Liebe(n) in diesem Film *perros* ist. Laut offiziellem Wörterbuch der Spanischen Sprache, herausgegeben von der Real Academia Española, kann *perros* in der Umgangssprache auch als Adjektiv funktionieren und in dem Fall „sehr böse, unwürdig oder niederträchtig bedeuten".[177] So interpretiert, könnte der Titel darauf anspielen, dass die Liebe, von der der Film spricht, stets eine gescheiterte, unehrliche, unwürdige, schlechte und enttäuschte Liebe ist. Dies kommt in der Tat einem zentralen Thema des Films sehr nahe, wie ich weiter unten ausgeführt wird. Diese Interpretation wird auch durch die Verleihtitel in anderen Sprachen gestützt, wie z.B. dem Englischen „Love's a Bitch".

Ort und Sprache

AMORES PERROS spielt in México City. Der Film beginnt mit einer Verfolgungsjagd, die in einen schrecklichen Unfall mündet. Kurz danach finden wir uns an einem Ort wieder, an dem tierquälerische Hundekämpfe ausgetragen werden. Der Handlungsort wird somit als ein Ort voller Gewalt eingeführt, was sich im Fortgang der Handlung bestätigt. So gesehen haben die Hundekämpfe vor allem auch eine symbolische und metonymische Funktion: Sie situieren die Geschichten in einer feindseligen, gewaltvollen Umgebung, die geradezu prädestiniert dafür zu sein scheint, dass sich eine reine Liebe in eine „Hundeliebe" verwandelt.

---

[177] http://buscon.rae.es/draeI/SrvltConsulta?TIPO_BUS=3&LEMA=perro.

Die Sprache, die von den Figuren benutzt wird, spiegelt ebenfalls die Gewalt wider. Der Film ist in mexikanischem Spanisch gedreht, was von allen Figuren außer Valeria gesprochen wird, die ihren spanischen Ursprung durch eine Mischung aus spanischem und mexikanischem Spanisch zu erkennen gibt. Die Sprache ist überwiegend als umgangssprachlich und voller Kraftausdrücke zu bezeichnen, was als Spiegel der Gewalt in der Gesellschaft gesehen werden kann. Eine Ausnahme bildet hier Daniel, der am ehesten eine gepflegte Sprache benutzt. Somit charakterisiert ihre Sprache auch die jeweiligen Figuren. Es lässt sich durchaus eine diastratische Unterscheidung zwischen den Episoden feststellen. Die Charaktere aus höheren sozialen Schichten sprechen ein weitaus formaleres Spanisch als diejenigen aus der Unterschicht, die durch die Verwendung des typisch mexikanischen Slangs auffallen.

Kamera und Einstellungsgrößen

Der gesamte Film wurde mit einer Handkamera gedreht. Dies hat den Effekt, dass der Zuschauer mitten ins Geschehen gezogen wird, das Bild immer in Bewegung ist und somit eine konstante Beteiligung von Seiten des Zuschauers erreicht wird. Zudem reflektiert diese Nähe und ständige Bewegung den Schauplatz der Handlung, Mexiko City, eine Stadt mit über 20 Millionen Einwohnern, in der die konstante Bewegung und das sogartige Hineingezogenwerden in die Ereignisse auf der Tagesordnung stehen. Die omnipräsente Gewalt, das Leiden, der Schmerz, all das, was uns beunruhigt und Thema des Films ist, wird durch die unruhige Handkamera visuell umgesetzt. Wie auch die Menschen in Mexiko City ist die Kamera ständig in Bewegung, nähert sich, entfernt sich wieder, ist unruhig und nimmt den Zuschauer dadurch mit in die Empfindungen der Protagonisten.

Was die Gestaltung der Einstellungsgrößen betrifft, ist auffällig, dass es relativ viele Großaufnahmen der Protagonisten gibt, was ebenfalls zur Psychologisierung sowie zur Identifikation seitens des Zuschauers beiträgt. Die Gefühle und Stimmungslagen der Figuren werden dadurch verstärkt zur Schau gestellt und dem Zuschauer nahe gebracht. Ansonsten entspricht die Wahl der Einstellungsgrößen im Allgemeinen der üblichen Auflösung, mit einem Wechsel von Annäherung und Entfernung.

Weitere Auffälligkeiten der Ästhetik von AMORES PERROS bestehen in der Grobkör-
nigkeit des Bildes, dem starken Kontrast zwischen schwarz und weiß sowie den un-
gesättigten Farben, Besonderheiten, die aus der Anwendung des Bleach-Bypass-
Verfahrens resultieren. Zu dieser besonderen Bildgestaltung nimmt der Kameramann
Rodrigo Prieto, der für alle drei Filme der Trilogie die Kamera geführt hat, Stellung:

> The contrast in general is enhanced with skip-bleach, but so is the contrast of the
> grain...[The process] desaturates certain hues and colours, such as skin tones, but the reds
> and blues [are] even enhance[d] ... We wanted the film to feel realistic, but with an edge.
> We were after the power of imperfection [and wanted to] use 'mistakes' to enhance the ur-
> gency and unpredictability of life in a place like Mexico City.[178]

Licht und Farbe

Eine weitere Gestaltungsebene, die eng mit der Kameraarbeit verbunden ist, ist die
Farb- und Lichtdramaturgie. In AMORES PERROS finden wir im Großteil der Einstellungen keine realistische Farb- und Lichtgestaltung vor, sondern eine eher als symbolisch zu bezeichnende. Vor allem in den Geschichten um Octavio und Susana fällt die
starke Verwendung von den additiven Primärfarben grün, blau und rot in seinen verschiedenen Abstufungen auf. Diese finden sich sowohl als Oberflächenfarben sowie
als Raumfarben. So sind die Wände der Räume, in denen sich die Protagonisten auf-
halten, wiederholt grün oder blau, ebenso wie viele Möbelstücke; die Farben präsentieren sich jedoch nie in einem gesättigten, reinen und leuchtenden Farbton, sondern
stets als Mischfarbe, die schmutzig und grau wirkt, was durch das Bleach-Bypass-
Verfahren verstärkt wird und die triste Atmosphäre des Lebens der Figuren widerspiegelt. Auch die Kleidung der Figuren weist diese Farbpalette auf. Des Weiteren
sind oft ganze Szenen in blaues, grünes und/oder seltener rotes Licht getaucht.

Was die Interpretation dieser Farbdramaturgie anbelangt, so ist zunächst festzustellen, dass die dominierenden Farben Blau und Grün kalte Farben sind. Das bläuliche
oder grünliche Licht hüllt die Figuren in eine kalte, oft beinahe kränklich wirkende
Atmosphäre, was die Kälte und Unbarmherzigkeit der Stadt unterstreicht. Und selbst

---

[178] PRIETO, R., in: OPPENHEIMER, Jean: 'A Dog's Life' [interview with Rodrigo Prieto], in: *American Cinematographer* vol. 82 no.4, April 2001, S.20-29, hier S. 20, 23, zit. nach: SMITH, P. J.:
Amores Perros, S. 77.

das warme Rot, das normalerweise häufig mit Liebe oder Begierde verbunden wird, ist in AMORES PERROS eher negativ kodiert und kann eher mit dem stets sichtbaren Blut denn mit wahrer Liebe in Verbindung gebracht werden. So ist die einzige intime Szene zwischen Ramiro und Susana in deutlich sichtbares, rotes Licht getaucht. Zunächst scheint es sich um eine Liebesszene zu handeln, da Ramiro Susana ein – wenngleich auch vermutlich gestohlenes – Geschenk, einen Walkman, mitbringt. Die Stimmung schlägt jedoch sehr schnell in einen Streit um, der die alltägliche Gewalt in dieser Ehe deutlich macht. Die Assoziation des Rots mit Blut ist insofern gerechtfertigt, als dass wir in einer vorherigen Szene Susanas blutendes Ohrläppchen als Resultat eines Gewaltausbruchs von Ramiro gesehen haben. Auffällig ist ebenfalls, dass die Szenen, die die intimen Momente zwischen Octavio und Susana erzählen, in natürliches, helles Licht getaucht sind und diese Beziehung so eine positive Wertung von Seiten der Filmemacher erfährt.

In der zweiten Episode, die die Geschichte von Daniel und Valeria erzählt, finden wir zunächst eine andere Licht- und Farbstimmung vor. Die Wohnung sowie die Kleidung der Protagonisten werden von warmen, weichen, creme- und beigefarbenen Farbtönen dominiert und die Szenen sind in ein warmes Licht getaucht. Umso mehr sticht dadurch das leuchtend rote Werbeplakat Valerias ins Auge, das nicht nur durch die Pose Valerias erotischen Charakter erhält, sondern durch das Rot auch das Begehren, das diese Frau erweckt, darstellt. Die Ästhetik dieser Episode ändert sich radikal in dem Moment des Unfalls. Ab diesem Zeitpunkt tragen die Protagonisten statt den sanften Farben nun auch Grün und Blau, und die filmischen Räume sind immer stärker in blaues und grünes Licht getaucht. Somit wird durch die Licht- und Farbdramaturgie die mit dem Unfall beginnende Krise des Paares visuell umgesetzt. Auch der rote Luftballon mit der Aufschrift „I love you" hat ab dem Moment des Unfalls keine Luft mehr und hängt zusammengefallen neben dem Bett.

In der dritten Episode stechen ebenfalls die Farben Grün, Rot und Blau hervor, hier allerdings mit einem noch größeren Grauanteil. Die Farbe Grau dominiert ebenfalls die Kleidung El Chivos sowie seine Haar- und Bartfarbe. Selbst seine Hunde sind grau. Die anderen Farben sind kaum noch zu erkennen, da sie in einer sehr schmutzigen Abstufung auftreten, vor allem in der Behausung des Protagonisten. Auch hier wirkt das bläuliche und grünliche Licht kränklich und zeugt von einer maroden Lebensweise.

Die Farbgestaltung in AMORES PERROS kann man folglich als Symbol für die Stimmung der Protagonisten interpretieren. Der Großteil der Szenen ist in kaltes, blaues oder grünes Licht getaucht, was die Härte des Lebens in Mexiko City widerspiegelt. Die gewählte Farbpalette wird durch das Bleach-Bypass-Verfahren verstärkt, das besonders die Blau- und Grüntöne hervorhebt. Des Weiteren ist eine diastratische Abstufung zu erkennen, die zur Trennung der einzelnen Episoden beiträgt. Die Emotionen jedoch, die alle Figuren vereinen, sind auch in allen Geschichten in der gleichen Art und Weise dargestellt, nämlich durch ein kaltes grünes oder blaues Licht. Ebenso scheint mit der Farbdramaturgie stellenweise eine moralische Wertung einherzugehen, wie das helle klare Licht in den Szenen von Octavio und Susana zeigt.

Kostüme und Ausstattung

Die Ausstattung und die Kostüme unterstützen die Charakterisierung der Figuren und des Ambientes. Die drei Geschichten sind in verschiedenen sozialen Umfeldern angesiedelt, von der gehobenen Klasse, die durch Daniel und Valeria repräsentiert wird, über die untere Mittelklasse in der Geschichte von Octavio und Susana bis zu der Unterschicht, dargestellt durch die Figur El Chivo. Diese letzte Geschichte ist jedoch in sich gespalten, da Maru durchaus in der gehobenen Mittelschichte anzusiedeln ist; ein Indiz dafür, dass auch El Chivo ursprünglich gut situiert war. Dies bestätigt die Tatsache, dass er früher an der Universität gearbeitet hat, wie wir aus einem Dialog erfahren. In Einklang mit dieser Situation ist das Design des Films gestaltet. Octavio, Susana und Ramiro tragen sportliche, einfache Kleidung, meist aus Jeansstoff oder Baumwolle. Nur Ramiro ist bisweilen etwas formaler gekleidet, jedoch nur für seine Arbeit als Kassierer in einer Apotheke. Die Wohnung, in der die Familie lebt, besticht ebenfalls durch ihre Einfachheit und Enge. Auch durch die Dialoge und die Handlung der Geschichte wird allzu deutlich, dass das (fehlende) Geld ein ständiges Problem ist.

Daniel, Julieta und Valeria dagegen wohnen in großzügigen, eleganten Wohnungen, die mit teuren Möbeln eingerichtet sind. Auch die Tatsache, dass es sich Daniel leisten kann, ein Appartment für Valeria zu kaufen, deutet auf den Wohlstand hin. Die Kostüme der Figuren entsprechen ebenfalls ihrer sozialen Stellung. Daniel trägt stets Anzughose, Hemd und Krawatte, während Julieta und Valeria in elegante Seiden- oder Stoffkleidung gehüllt sind. Interessant sind hierbei, wie oben angedeutet, auch die Farben der Kostüme. Während vor dem Unfall Beige-, Braun- und Cremetöne die Kostüme dominieren, trägt Daniel nach dem Ereignis ausschließlich blaue oder grüne Hemden, und auch Valeria hat einen blassgrünen Morgenmantel an. Selbst das weiße T-Shirt, das die Protagonistin in einer Szene trägt, wirkt durch das farbige Licht grünlich.

Auch die Kleidung El Chivos trägt Wesentliches zu seiner Charakterisierung bei. Zu Beginn des Films hat er stets einen grauen, schlecht sitzenden Anzug an, der bereits ziemlich abgetragen ist. Durch die langen, ungepflegten Haare, den Bart und seine ungeschnittenen und schmutzigen Fingernägel wird sein Vagabunden-Dasein visualisiert. Gleichzeitig könnte der Anzug jedoch auch auf seine Herkunft hindeuten. Auf diese wird vor allem durch die Inszenierung seiner Tochter Maru und deren Wohnung hingewiesen. Maru lebt in einer hellen, freundlich eingerichteten Wohnung und ist stets gut gekleidet. Am Ende des Films macht er einen entscheidenden Schritt auf seine Tochter zu, der durch seine äußere Verwandlung symbolisch unterstrichen wird. Auch das Aufsetzen der Brille, welches er zuvor verweigert hat („Si Dios quiere que vea borroso, veo borroso").[179] könnte man symbolisch als ein Klarsehen bzw. Erkennen deuten. Er hat letztendlich die Bedeutung der Familie erkannt und versucht alles, um sich wieder mit ihr zu versöhnen.

Somit werden die drei Geschichten durch die unterschiedlichen Kostüme und die Ausstattung in ihrer Umgebung situiert und dadurch gleichzeitig voneinander abgegrenzt, da die jeweiligen Protagonisten unterschiedlichen sozialen Schichten angehören.

Die Montage

Die Montage ist in episodisch erzählten Filmen besonders interessant, da es theoretisch unzählige Möglichkeiten gibt, die Geschichten miteinander zu verknüpfen, was in klassischen Filmen durch die Linearität der Erzählung wesentlich eingeschränkt ist. Auf die Anordnung der verschiedenen Episoden auf der Zeitachse werde ich in Kapitel IV. 1.), indem die episodische Struktur der Filme eingehend untersucht wird, genauer eingehen. Hier interessiert mich vor allem, wie die Übergänge zwischen Ein-

---

[179] „Wenn Gott will, dass ich verschwommen sehe, dann sehe ich verschwommen." (Eigene Übersetzung).

stellungen zweier verschiedener Episoden gestaltet sind, da dies für die Verbindung bzw. Trennung der Episoden aufschlussreich ist. Dies möchte ich zum Abschluss dieses Kapitels diskutieren.

In AMORES PERROS finden sich keine besonders hervorgehobenen Übergänge, wie z.b. Überblendungen, Einblendungen o.ä., sondern es sind stets harte Schnitte, die die Szenen sowie die Episoden voneinander trennen. Eine Besonderheit fällt bei genauer Analyse jedoch auf: Bei den Übergängen zwischen zwei Einstellungen, die zu einer jeweils anderen Geschichte gehören, ist immer dasselbe Schema zu beobachten. Eine der beiden Einstellungen ist stets eine Detail- oder Großaufnahme. Dadurch erreicht Iñárritu, dass der Wechsel zu einer anderen Geschichte im ersten Moment vom Zuschauer kaum wahrzunehmen ist, da die Orientierung, die eine Totale bieten würde, verweigert wird. Somit wird im ersten Moment nicht klar, in welcher Episode wir uns gerade befinden. Dadurch erfolgt der Übergang an sich beinahe unbemerkt. Diese Technik erzeugt Kontinuität, da sie die Episoden unmerklich miteinander verbindet. Sie ist ein Mittel, das dem Regisseur bei der schwierigen Aufgabe, drei verschiedene Geschichten miteinander zu verbinden (und zwar nicht nur im Moment des Unfalls), unterstützt. Ich werde im Kapitel C.IV.) ausführlich darauf zurückkommen.

Die Musik

Eine musikalische Untermalung kommt in AMORES PERROS nur sehr sporadisch zum Einsatz. In Bezug auf die Musik lassen sich zwei verschiedene Stile unterscheiden.

Zunächst ist eine starke Dominanz lateinamerikanischer Musik zu verzeichnen. Sie dient vor allem dazu, die Handlungsorte zu charakterisieren und ist oft im *on*, also intradiegetisch. Es handelt sich meist entweder um Popmusik, Salsa oder Hip Hop. Eine Sonderstellung nimmt die Musik der mexikanischen Gruppe *Control Machete* ein. Dem lateinamerikanischen Hip Hop zuzurechnen, trägt diese Musik stark zur Kreation der Atmosphäre des Films bei. Es handelt sich um aggressive Musik, die die Gewalt in Mexiko City musikalisch umzusetzen vermag. Dementsprechend wird sie auch nur in der ersten und der dritten Geschichte eingesetzt, die durch die Hundekämpfe die Gewalt ausstellen. In der zweiten Episode, die die Geschichte von Valeria und Daniel erzählt, kommt diese Musik nicht zum Einsatz. Hier ist es eher heitere Popmusik, wie das Lied „Corazón" in der Szene, die in den Unfall aus Valerias Sicht führt. Hier dient die diegetische Musik zur Verdeutlichung der fröhlichen und entspannten Stimmung dient, in der sie dank ihres neuen Lebens mit Daniel ist.

In der Geschichte um El Chivo kommt vor allem der zweite Typ Musik zum Einsatz, die von Gustavo Santaolalla komponierte. Es ist eine sehr langsame, leicht melancholische Musik, gespielt von einer (E-)Gitarre. Sie unterstützt sehr gut die Gefühle der Protagonisten, welche meistens vom Leid geprägt sind. Einerseits dient sie zur Untermalung von nachdenklichen Momenten, andererseits wird sie zur Überleitung zwischen zwei verschiedenen Geschichten eingesetzt und erfüllt damit eine ähnliche Funktion wie die oben beschriebene Montagetechnik. Auch in seinen nächsten beiden Filmen arbeitet Iñárritu mit Santaolalla zusammen, was die Einheit der Trilogie fördert.

II. 21 GRAMS

Der Titel

21 GRAMS, ein Titel, der im ersten Moment nichts mit der Handlung des Films zu tun hat. Er weckt jedoch Neugier, da man nicht weiß, was es ist, das 21 Gramm wiegt. Wir wissen es nicht und der Film gibt uns auch keinen Hinweis darauf. Erst ganz am Ende des Films, wenn der Titel gar nicht mehr so präsent ist, spricht eine *voice over* die folgenden gewichtigen Sätze:

> They say we all lose 21 grams at the exact moment of our death. Everyone. How much fits into 21 grams? How much is lost? When do we lose 21 grams? How much goes with them? How much is gained? How – much – is – gained? 21 Grams. The weight of the stack of five nickels. The weight of a hummingbird, of a chocolate bar. How much do 21 grams weigh?

Der Titel spielt auf eine Theorie des amerikanischen Arztes Duncan MacDougall an, der zu Beginn des Jahrhunderts seine These im Experiment bestätigen wollte, dass die menschliche Seele eine materielle Substanz hat. Selbst wenn die Versuche diese Behauptung nicht bestätigen konnten, hielt er weiterhin an ihr fest. Obwohl die These kein wissenschaftliches Fundament hat, so dient sie Iñárritu hier zu einer poetischen Andeutung der Existenz einer Seele, sowie der Tatsache, dass der Tod uns alle gleichsetzt.[180]

Kamera und Einstellungsgrößen

Auch 21 GRAMS ist, wie auch schon AMORES PERROS, durchgängig mit einer Handkamera gedreht. Auch hier arbeitet Iñárritu erneut mit Rodrigo Prieto zusammen, der die Handkamera wegen ihrer „immediacy, the sense of 'anything can happen'" bevorzugt: „I react to what the actors are doing – I mostly know what's going to happen, but I try to forget about that and just feel 'in the moment'. I try to be empathetic for what the actors are feeling."[181] Naomi Watts, die die Rolle der Cristina spielt, bestätigt den Erfolg dieser Absicht: „Rodrigo's camera is like another character in 21 GRAMS. He is moving the camera the whole time, and it's incredibly liberating for an actor to not have to concentrate on focus marks."[182] Ein weiterer Vorteil dieser Technik ist die große Nähe zu den Figuren, die durch die bewegliche Kamera leichter durchzuhalten ist. Auch in 21 GRAMS arbeiten Iñárritu und Prieto wieder verstärkt mit Groß-und Nahaufnahmen, die eine stärkere Identifikation mit den Figuren ermöglicht.

Licht und Farbe

Für 21 GRAMS lässt sich eine sehr elaborierte Farb- und Lichtgestaltung konstatieren. Da sie jedoch nicht so plakativ ist, wie dies z. B. in TRAFFIC der Fall ist, dessen Farbdramaturgie beinahe an das Verfahren der Virage erinnert, gibt es unterschiedliche Sichtweisen derselben. So sieht z.b. Roman Mauer in seinem Artikel über Iñárritu eine deutliche Korrespondenz zwischen Farb- und Handlungsräumen: „Gelb beherrscht die Räume des Ex-Alkoholikers Jack, Blau die Hintergründe des melancholischen

---

[180] Zur Trennung und Zusammenführung der einzelnen Figuren und Handlungsstränge s. Kapitel C.IV.

[181] PRIETO, Rodrigo, auf: http://www.21-grams.com/index.php?c=2, konstultiert am 24.11.2008 um 01:34.

[182] WATTS, Naomi, auf: http://www.21-grams.com/index.php?c=2, konsultiert am 24.11.2008 um 01:34.

Kranken Paul. Beide Farben tauchen bei Christina auf, je nachdem welcher Mann auf ihr Leben einwirkt."[183] Dies ist meiner Meinung nach nicht immer ganz zutreffend, da Cristina z.b. auch vor dem Unfall, beispielsweise in einer Szene in der Küche mit ihren beiden Töchtern, in ein goldenes Licht gehüllt ist, ohne dass sich zu diesem Zeitpunkt ihr Handlungsstrang und der Jacks bereits berührt hätten. Die Filmemacher beschreiben ihre Intentionen bezüglich der visuellen Gestaltung wie folgt:

> The visuals change to correspond to the emotional arc of each story and its characters – and they help you see where you are in the overall story. We divide the three stories color-wise because of the structure of the movie. There are subtle cues for the audience to know; this is Paul's world - a cooler blue; this is Jack's world - a yellow red; and this is Cristina's world - sort of in-between, with red and golden but mixed with some of the blue of Paul's world.[184]

Diese Aussagen zur Farbgestaltung sind eher am fertigen Film zu verifizieren, als die Beobachtungen Roman Mauers. Jedoch wird sie bei weitem nicht so konsequent durchgehalten, wie es z.b. in TRAFFIC oder in Iñárritus nächstem Film BABEL der Fall ist. Am konsequentesten wird die jeweilige Licht- und Farbstimmung in der Geschichte um Paul verfolgt. Das kalte Blau kann hierbei symbolisch als Vorbote auf seinen bevorstehenden Tod gelesen werden, da Blau traditionell in Verbindung mit dem Tod und dem Jenseits zum Einsatz kommt, wie Susanne Marschall in ihrem Werk über die Farbe im Kino darstellt.[185] Andererseits ist im Handlungsstrang um Jack oft auch ein eher grünliches Licht festzustellen oder ein grünliches Gelb, wohingegen Rot eher weniger zu beobachten ist. Es ist jedoch auch nahezu unmöglich, die chromatische Aufteilung konsequent durchzuhalten, da sich die Geschichten stark überschneiden. So changiert z.b. Cristinas Geschichte zwischen Blau und Gelb, wobei in den Szenen, in denen sie zusammen mit Paul zu sehen ist, entweder sein Blau auf sie „abfärbt" oder aber sie ihr Gelb an ihn gibt. Oft sind Farbgestaltungen zu beobachten, die die emotionale Situation der Protagonisten wiederspiegeln. So z.b. in der Szene im Krankenhaus, in der Cristina vom Tod ihrer beiden Töchter erfährt. Hier ist

---

[183] MAUER, Roman: „Malstrom der Bilder. Die Spielfilme von Alejandro González Iñárritu", in: *Filmdienst*, 25/2006, S. 9-12, S. 11.

[184] PRIETO, Rodrigo, auf: http://www.21-grams.com/index.php?c=2, konstultiert am 24.11.2008 um 01:34.

[185] Vgl. MARSCHALL, Susanne: *Farbe im Kino*, Marburg: Schüren 2005, S. 59-61.

ihr Gesicht von einem krankhaften grünen Licht beleuchtet. Ein weiterer Grund, der dazu beiträgt, dass die vorgegebene Farb- und vor allem Lichtdramaturgie nicht immer konsequent eingehalten werden kann, sind die relativ häufigen Außenaufnahmen, bei denen das Licht kaum farblich zu kontrollieren ist. Ein weiterer Faktor, der die visuelle Gestaltung des Films bestimmt, ist die Körnigkeit des Filmmaterials, wie Regisseur Iñárritu und Kameramann Rodrigo Prieto erklären: „The different stocks of film give different textures to the characters depending on their emotional stage at that point in the film."[186]

When things start to get more difficult for our characters, we'd go to a grainier stock. When things feel a little cleaner or better, the stock isn't as grainy. The framing and camera work reflect that, too – when things are in balance for the characters, we use more traditional framing.[187]

Während die Farbgestaltung zur Differenzierung der Geschichten untereinander beiträgt, kommen noch zwei weitere Verfahren zum Einsatz, welche dem Film eine einheitliche Erscheinung verleihen, zum einen das Bleach-Bypass-Verfahren sowie zum anderen die für alle Geschichten einheitliche Gestaltung der Körnigkeit des Filmmaterials, das sich, wie von Rodrigo Prieto beschrieben, an der emotionalen Befindlichkeit der Protagonisten orientiert und sie somit in ihrem Leiden und ihrer Freude vereint.

Kostüme und Ausstattung

Die Kostüme in 21 GRAMS sind relativ alltäglich gehalten und ordnen die Protagonisten in ihr soziales Umfeld ein. Sie stechen nicht durch Stil oder Farbe hervor, sondern entsprechen der für die jeweiligen Charaktere zu erwartenden Alltagskleidung. So sehen wir Paul meist gut gekleidet in Stoffhose, Hemd und Jackett, was seiner Stellung als Mathematik-Professor entspricht. Nur in den Szenen, in denen er von der Krankheit gezeichnet ist, trägt er einen blau-gestreiften Pyjama. Cristina ist entweder

---

[186] GONZÁLEZ IÑÁRRITU, Alejandro, auf: http://www.21-grams.com/index.php?c=2. Konsultiert am 24. 11.2008, 01:34).

[187] PRIETO, Rodrigo, auf: http://www.21-grams.com/index.php?c=2. Konsultiert am 24. 11.2008, 01:34).

sportlich gekleidet, meist wenn sie zu Hause ist oder vom Schwimmen kommt, oder aber sportlich-schick, meist in unauffälligen, dunklen Grau- oder Blautönen. Jack ist oft mit dunklen Jeans, Stiefeln und verschiedenen, eher billig wirkenden Hemden zu sehen. Diese sind entweder grau oder, in Übereinstimmung mit der Farbgestaltung seiner Geschichte orangefarben oder dunkelrot.

Auch die Ausstattung entspricht dieser leicht diastratischen sowie situationsadäquaten Abstufung. Während Paul und Cristina in scheinbar relativ neuen, geschmackvoll eingerichteten Wohnungen leben, die darauf hindeuten, dass beide gut situiert sind, wirkt die Wohnung Jacks etwas heruntergekommen und älter. Diese Abstufungen sind jedoch minimal, da alle Protagonisten mit leichten Abstufungen in der Mittelklasse anzusiedeln sind.

Die Kostüme und die Ausstattung charakterisieren die Protagonisten und unterstreichen die Unterschiede zwischen ihnen, vor allem zwischen der Familie Jacks und der der anderen beiden.

Die Montage

Die Montage folgt einem ähnlichen Prinzip wie dem für AMORES PERROS beschriebenen. Wenngleich nicht bei jedem Wechsel zwischen den einzelnen Geschichten eine der beiden Einstellungen eine Groß- oder Detailaufnahme ist, so ist dies doch für die Mehrzahl der Übergänge zu verzeichnen. So werden die Geschichten auch hier durch die fehlende Orientierung im exakten Moment des Schnitts beinahe unmerklich zu einer Einheit miteinander verbunden.

Die Musik

Für die Musik in *21 Grams* gilt Ähnliches wie für die von AMORES PERROS. Auch hier wird der von Gustavo Santaolalla komponierte Original-Soundtrack mit einzelnen schon vorher existierenden Musiktiteln kombiniert. Diese dienen vor allem der Untermalung in Szenen, die eine musikalische Begleitung verlangen, wie z.B. die Szene im Club.

Die Musik Santaolallas kommt in wenigen, doch genau kalkulierten Momenten zum Einsatz. Es ist eine ähnliche Musik, wie sie der Komponist schon für den vorherigen Film Iñárritus geschaffen hat, eine langsame, getragene Musik mit einer melancholischen Grundstimmung und von einer E-Gitarre sowie einem Akkordeon interpretiert. Sie wird meistens zur Unterstreichung der Gefühle und Stimmungslagen der Figuren in Szenen ohne Dialog eingesetzt. Dadurch, dass die Musik meist nur unterbewusst wahrgenommen wird, ist dies eine effektive Möglichkeit, den Zuschauer in die emotionale Gefühlslage der Protagonisten zu versetzen. Sie kommt vor allem dann zum Einsatz, wenn die Figuren Grenzsituationen durchleben, wie z.B. Cristina, als sie vom Tod ihrer Familie erfährt oder Paul vor seiner Herztransplantation oder in dem Moment, in dem er erfährt, in wessen Brust sein neues Herz vorher geschlagen hat. Eine weitere wichtige Funktion dieser Musik liegt in der Verbindung der einzelnen Geschichten untereinander, wie auch Jens Thiele feststellt: „Schließlich vermögen auch die reduzierten Gitarren- und Akkordeonklänge in ihrer melancholischen Grundstimmung heterogene Bilder zusammenzuziehen und eine emotionale Klammer um die zergliederte Bildstruktur zu legen. Die Musik bringt Personen und deren Schicksale zusammen, obwohl die Montage sie doch gerade auseinander treibt."[188]

III. BABEL

Der Titel

Wie der Titel andeutet, ist *Babel* eine moderne Version der biblischen Geschichte über den Turmbau zu Babel, der zum Unverständnis der Völker untereinander geführt hat. Der Film zeigt dabei nicht nur die wirklichen Verständigungsschwierigkeiten auf Grund der sieben Sprachen, in denen der Film gedreht ist, sondern überträgt zudem das wirkliche Unverständnis aufgrund verschiedener Sprachen, wie es auch in der Bibel geschildert wird, zusätzlich auf eine metaphorische Ebene. Obwohl die theoretischen Möglichkeiten, auch durch die modernen Kommunikationstechnologien, zur

---

[188] THIELE, Jens: *Verwirrende Erzählungen. Montageexpermiente im Kino Alejandro González Iñárritus*, in: SCHENK, Irmbert/RÜFFERT, Christine/SCHMID, Karl-Heinz/TEWS, Alfred/Bremer Symposium zum Film (Hrsg.): *Experiment Mainstream?: Differenz und Uniformierung im populären Kino*/Bremer Symposium zum Film, Berlin: Bertz + Fischer, 2006, S. 97-106, S. 102.

Verständigung gegeben sind, ist kein Verständnis möglich, da es am Willen und an der Bereitschaft dazu fehlt. Franz Everschor drückt es in seiner Kritik zu *Babel* folgendermaßen aus:

> Iñárritu richtet seinen Blick vielmehr auf den Scherbenhaufen, der nach Gottes Zorn übrig geblieben ist. Auch im Zeitalter der weltumspannenden Kommunikationsmittel [...] entdeckt er die Unfähigkeit des Menschen, kulturelle und gesellschaftliche Barrieren zu überspringen, Worte zu finden, die den Menschen neben ihm ansprechen könnten, Urteile und Vorurteile über Bord zu werfen, um den anderen in seiner individuellen Eigenart zu erkennen und zu tolerieren.[189]

In BABEL werden immer wieder, auf zum Teil drastische Weise, das Unverständnis und die Intoleranz zu fremden Völkern und Kulturen dargestellt. Dies geschieht oft mittels einer unverhohlenen Anspielung auf ganz konkrete politische und gesellschaftliche Konflikte, die man oft auch leicht versucht ist, als stereotyp zu kritisieren. So muss zum Beispiel die schwer verwundete Susan auf Grund politischer Probleme zwischen Marokko und den USA viele Stunden auf einen Rettungshubschrauber warten. Als dieser dann endlich eintrifft, weiß Richard sich bei dem Reiseführer, der alles nur menschlich Mögliche zur Hilfe beigetragen hat, nicht anders zu bedanken, als ihm ein Bündel Geldscheine in die Hand zu drücken, die für diesen jedoch absolut wertlos zu sein scheinen. Ein Wort des Dankes, zu dem es jedoch nicht kommt, wäre viel mehr wert gewesen.

Auch in der Geschichte Amelias werden das Unverständnis und die fehlende zwischenmenschliche Nähe sehr klar deutlich. Ihr ganzes Leben, das sie sich mühevoll in 16 Jahren in den USA aufgebaut hat, wird durch ein Wort oder eine Unterschrift binnen Sekunden vernichtet.

Ort und Sprache

Die Filmhandlung von Babel verteilt sich auf drei verschiedene Kontinente (Afrika, Amerika und Asien) und spielt in vier verschiedenen Ländern (Marokko, wo zwei der Episoden stattfinden, USA, Mexiko und Japan). Dies schafft schon rein geographisch

---

[189] EVERSCHOR, F.: „Babel", a.a.O., S. 30.

eine große Distanz zwischen den einzelnen Handlungen, welche, wie im Folgenden dargestellt werden soll, noch durch weitere filmische Gestaltungsmittel verstärkt wird. Die Orte sind dabei nicht willkürlich gewählt, sondern haben alle für Iñárritu eine sehr große persönliche Bedeutung, wie dieser selbst erzählt.[190]

Aus der geographischen Distanz folgt auch die durch den Titel bereits vorweggenommene Sprachenvielfalt. Die Originalversion des Films ist in nicht weniger als sieben verschiedenen Sprachen gedreht (Englisch, Arabisch, Französisch, Spanisch, Japanisch, japanische Gebärdensprache und Berber). Der Sprache wird somit eine enorm große Bedeutung zugemessen und das Unverständnis zwischen den Menschen so schon angedeutet. Dieses, allein durch die unterschiedlichen Sprachen zustande kommende, und deshalb eigentlich eher oberflächliche Unverständnis, wird im Film jedoch noch vertieft. Es lässt sich als ein generelles, nicht durch unterschiedliche Sprachen hervorgerufenes, sondern in den Köpfen der Menschen angesiedeltes Unvermögen zu gegenseitigem Verständnis aufgrund von Vorurteilen, Barrieren und mangelnder Kommunikation interpretieren. Roman Mauer sieht "die eigentliche Kommunikationsstörung [...] im Grundübel der Fremdenangst [verwurzelt], die zur paranoiden Abriegelung und Diskreditierung anderer Kulturen führt."[191]

Kamera und Einstellungsgrößen

Auch BABEL ist wie die beiden vorherigen Filme der Trilogie mit einer Handkamera gedreht. Allerdings ist das Bild trotzdem meist eher ruhig, vor allem verglichen mit AMORES PERROS, in dem die Kamera die Hektik und die Gewalt des Lebens in der Megapolis Mexico City zu imitieren scheint. Die Einstellungsgrößen orientieren sich meist an den Bedürfnissen der Narration. Doch auch in diesem Film fällt die starke Nähe zu den Protagonisten auf. Es gibt sehr viele halbnahe Einstellungen, die eine Identifikation mit den Figuren ermöglichen. Auch durch die Tatsache, dass die Einstellungen sehr kurz sind (kaum eine dauert länger als fünf Sekunden), wird der Zuschauer fortwährend in die Handlung integriert.

---

[190] SOLÓRZANO, Fernanda: „Babel", in: *Sight & Sound*, Juli 2006, S. 16-17, S. 17.
[191] MAUER, Roman: „Malstrom der Bilder." a.a.O., S. 10.

Licht und Farbe

Die Lichtgestaltung trägt zur Abgrenzung der einzelnen Episoden untereinander bei. Während bei den Geschichten mit Handlungsort in Mexiko und Marokko Außenaufnahmen überwiegen, spielt ein Großteil der Geschichte Chiekos in Innenräumen mit entsprechenden Lichtverhältnissen. So kommt es, dass bei erstgenannten natürliches, oft helles Sonnenlicht überwiegt, während die Szenen der Japan-Episode eher in künstliches, oft bläuliches, oder Neonlicht getaucht sind.

Wie auch schon in 21 GRAMS setzt Iñárritu zur Abgrenzung der filmischen Räume untereinander noch ein weiteres Stilmittel ein: die Farbe. Für jeden der Handlungsorte wählt er eine unterschiedliche Farbdramaturgie. Marokko wird dabei durch Grau- und Brauntöne charakterisiert, Mexiko in Rot-Grün gehalten und Japan zeichnet sich durch die blauen, pink- und rosafarbenen Farbtöne aus, die dem kalten bläulichen Licht entsprechen.

Diese Farbdramaturgie behält Iñárritu konsequent bei: Bei den Aufnahmen in Marokko wird oft die grau-braune Landschaft eingefangen, und auch die Protagonisten sind in diesen Tönen gekleidet. Die einzige Ausnahme bildet Yussef, der eine rote Jacke trägt. Die Bedeutung für den Film – immerhin löst er die Kette tragischer Ereignisse mit seinem Schuss erst aus – wird durch das leuchtende Rot, das sofort die Aufmerksamkeit des Zuschauers erregt, unterstrichen. In den Sequenzen über Amelia wird vor allem auf die Farbe Rot ein großes Gewicht gelegt. So ist die Bettdecke von Debbie rot, die Wand im Wohnzimmer ebenfalls; auf der Couch, auf der Mike und Debbie fernsehen, liegen zwei rote Kissen, das Auto, welches Santiago fährt, ist rot, und natürlich ist auch Amelia stets in rot gekleidet. Am Anfang trägt sie ein rotes T-Shirt und später sehen wir sie bis zum Schluss in ihrem roten Kleid. Das leuchtend rote Kleid in der unendlich scheinenden Wüste deutet durch die Signalfarbe rot zudem auf die Gefahr hin, in der sie und die beiden Kinder schweben. Auch die Musiker der Hochzeitsband tragen rote Anzüge und die Plastikstühle auf der Hochzeitsfeier sind ebenfalls rot. Der in Tokio spielende Teil ist dagegen komplett in blau-pink-rosa gehalten, was in nahezu jedem Detail zu sehen ist. So sind die Uniformen der Handballerinnen blau, Chieko hat dunkles Haar, durchzogen von einer pinkfarbenen Strähne, die Gäste des J-Pop sind beinahe alle in Blautönen gekleidet, und die Wand im Bad der Bar ist ebenfalls blau, übersät mit pinkfarbenen Kreisen. Sogar das Handy

Chiekos ist rosafarbenen, und hat einen blauen Bildschirm. Auch ihre Uhr ist rosa, und das T-Shirt das sie trägt, wenn sie mit ihren Freunden ausgeht, ist rosa mit einem blauen Muster. Selbst die Ecstasy-Pillen sind rosa!

In den vorangegangenen Abschnitten wurde dargestellt, welch große Bedeutung die Macher von BABEL der Abgrenzung der Episoden untereinander beigemessen haben. Kameramann Rodrigo Prieto sagt dazu: „We felt that subtle differences in the image quality of each story – texture, colour saturation, the sharpness of the backgrounds – would enhance the idea of being in different places, both geographically and emotionally." [192]

Kostüme und Ausstattung

Für die Kostüme in Babel gilt Ähnliches wie für diejenigen der vorherigen beiden Filme. Sie entsprechen der Situation, Nationalität sowie dem sozialen Status der jeweiligen Figuren. So tragen die beiden marokkanischen Jungen sowie ihr Vater typisch arabische Kleidung, während die beiden amerikanischen Touristen der Reise in ein heißes Land entsprechende, luftige, legere Baumwollkleidung tragen. Amelia und die Kinder sind, während sie zu Hause in San Diego sind, gewöhnlich gekleidet. Für die Hochzeit zieht Amelia dem Anlass entsprechend ihr bestes Kleid an. In der Episode, die in Japan spielt, haben die Kostüme zudem eine dramaturgische Funktion. Die kurzen Röcke, unter denen die Mädchen öfter keinen Slip tragen, dienen dazu, sie in ihrem sexuellen Bedürfnis zu charakterisieren. Zu diesen Beobachtungen kommt hinzu, dass die Farben der Kostüme mit den jeweiligen Farbgestaltungen harmonieren.

Auch die Umgebung der Figuren ist dementsprechend gestaltet: Während die marokkanischen Hirtenjungen in einer einfachen Hütte mitten in der Wüste wohnen, werden Richard und Susan durch ihr großzügiges Haus mit Swimmingpool als wohlhabend charakterisiert. Yasujiro und Chieko kann man als die wohl bestsituiertesten Protagonisten der gesamten Trilogie ansehen. Die riesige Wohnung, die mit eleganten Möbeln geschmackvoll und sehr modern eingerichtet ist, und zudem über den

---

[192] SOLÓRZANO, F.: „Babel", a.a.O., S. 17.

Dächern von Tokio inmitten der Millionenstadt liegt, können sich dort sicher nur An-
gehörige der Oberschicht leisten. Damit in Verbindung bringen könnte man den Konflikt der Japan-Episode. In BABEL wird deutlich, dass die emotionale Zuneigung,
nach der sich Chieko so sehr sehnt, durch kein Geld der Welt ersetzt werden kann.

Die Montage

Auch in BABEL bemühen sich Iñárritu und Stephen Mirrione um einen unsichtbaren
Schnitt. Außer in zwei Fällen, wo ein Match Cut zur Überleitung zwischen zwei Episoden eingesetzt wird, und damit eine Verbindung auf der extradiegetischen Ebene
hergestellt wird, ist auch hier eine ähnliche Montage wie auch schon bei den beiden
vorherigen Filmen zu beobachten. Die meisten Übergänge sind im ersten Moment
kaum wahrnehmbar. Es werden Bilder kombiniert, die auch derselben Episode angehören könnten. Das ist der häufigste der Übergänge. Im ersten Moment merkt man
gar nicht, dass man an einem Schnittpunkt angekommen ist, sondern realisiert dies
erst einige Einstellungen später, zum Beispiel dadurch, dass die bereits bekannten
Hauptpersonen ins Bild kommen. Dadurch wird die Stelle des eigentlichen Schnitts,
in dem Moment, in dem er eigentlich geschieht, gar nicht wahrgenommen und der
Übergang nicht als schroff empfunden.

Die Musik

Die Musik trägt einerseits zur Abgrenzung der Episoden untereinander durch eine individuelle Charakterisierung jeder einzelnen Episode, sowie – scheinbar paradoxer-
weise – auch zu deren Verbindung bei. Dies ist damit zu begründen, dass zwei
unterschiedliche Arten von Musik eingesetzt werden.

So werden manche Sequenzen mit charakteristischer populärer Musik der Länder, in
denen die Handlung spielt, unterlegt. Diese ist in den meisten Fällen durch das Bild
motiviert. Dabei ist jedoch festzuhalten, dass Musik generell sehr zurückhaltend
genutzt wird, und vor allem die länderspezifische Musik nur an sehr wenigen Stellen
eingesetzt wird. Beispiele für diese populäre Musik finden wir am Anfang des Films
(4. Episode), als Chieko sich mit ihren Freundinnen in der Bar „J-Pop" zum
Mittagessen trifft. Die Bar-Atmosphäre ist mit japanischer Popmusik unterlegt. An

anderer Stelle, in der 6. Episode, ertönt Latinomusik, als Santiago Amelia und die Kinder im Auto abholt. Ähnlich ist es bei der Hochzeit von Amelias Sohn Luis (10. Episode). Dort ist traditionelle mexikanische Musik von verschiedenen Bands zu hören, die die Hochzeitsfeier untermalt und zum Tanzen einlädt. In der 12. Episode wird der Drogenrausch, den Chieko und ihre Freunde erleben, von sphärischer Musik unterlegt.

Was jedoch sehr viel entscheidender im Hinblick auf die Musik ist, und was sicherlich der Hauptgrund für die Verleihung des Academy Awards für die beste Musik an Gustavo Santaolalla war, ist die einzigartige Idee, die der Komponist zur Verbindung der Episoden untereinander hatte. Iñárritu beschreibt diese sehr genau in dem Interview mit Rodrigo García:

> Eine weitere große Herausforderung bei der Montage bestand darin, von einem Land ins nächste überzuleiten, ohne einen allzu abrupten Wechsel zu erzeugen, der den Zuschauer ablenken könnte. Hier spielt die Musik eine grundlegende Rolle, und Gustavo Santaolalla war einmal mehr der Dreh- und Angelpunkt. Er reiste nicht nur in jedes einzelne Land, in dem wir drehten, um dort aufzunehmen und Nachforschungen anzustellen, sondern er entschied auch, einen Oud, ein sehr altes arabisches Instrument, das als Mutter der Gitarre gilt, zu verwenden und damit den musikalischen Leitfaden des Films zu gestalten. [...] Der Klang des Oud bietet nicht nur den Vorteil seines afromediterranen Ursprungs, sondern erinnert auch an das Wehklagen der Flamenco-Gitarre – und damit der mexikanischen Gitarre – mit einem anflug der japanischen Koto. In einem einzigen Instrument vermochte es das Genie Santaolalla, drei Kulturen zu vereinen, ohne auf die folkloristischen Intrumente jedes Landes zurückgreifen zu müssen, was undenkbar gewesen wäre.[193]

Die Musik des Oud wird an fast allen Übergängen zwischen den Episoden eingesetzt und schafft somit eine Verbindung, die bildlich nicht vorhanden ist.

Am Ende des Films wird der O-Ton ganz zu Gunsten der Musik ausgeblendet, und die ruhige, besinnliche und melancholische Klavier- und Streichermusik regt zum Nachdenken an. Somit bildet sie einen guten Schlusspunkt für diesen Film.

---

[193] GONZÁLEZ IÑÁRRITU, Alejandro, in: HAGERMAN, María Eladia: *Babel: a film by Alejandro González Iñárritu*, Köln [u.a.]: Taschen, 2006, S. 286.

IV. Zusammenfassung der Filmanalyse: Gegenläufige Dynamiken in der Inszenierungsweise der Trilogie

Wie die obige Analyse gezeigt hat, ist einerseits eine ganz klare Tendenz in der Inszenierung zu beobachten, die die stilistische Trennung der einzelnen Episoden zum Ziel hat. Auf der anderen Seite lassen sich aber auch Bemühungen erkennen, die dieser Abgrenzung diametral entgegengesetzt sind. Bei einigen Filmen tritt die eine Tendenz, bei anderen die entgegengesetzte stärker zu Tage. So sind die einzelnen Episoden in 21 GRAMS, wie die Analyse deutlich gemacht hat, bei weitem nicht so scharf voneinander getrennt wie in BABEL oder AMORES PERROS. Dies korrespondiert mit der episodischen Form (s. Kapitel D.), da in diesem Film die Geschichten am dichtesten miteinander verwoben sind, während die Berührungspunkte zwischen den einzelnen Handlungssträngen in AMORES PERROS und BABEL minimal sind. Alle drei hier untersuchten Beispiele weisen jedoch diese gegenläufigen Dynamiken auf. Zur Verdeutlichung derselben können folgende Beispiele, entnommen aus der vorangegangenen Analyse, dienen: Die Montage ist meist auf eine Zusammenführung der Episoden hin entworfen. Durch häufige Verwendung von Großaufnahmen oder auch Einstellungen, die nicht gleich als einem bestimmten Raum und damit einem bestimmten Handlungsstrang zugehörig entschlüsselt werden können, nähern sich die Filme einer Auflösung des filmischen Raumes an. So wird die Verknüpfung und wechselseitige Beeinflussung der einzelnen Geschichten zum Ausdruck gebracht. Für 21 GRAMS hat Anna Prassler in ihrer Studie beweisen können, dass es in diesem Film gleichsam zu einer Verbindung der Körper über die filmischen Räume hinweg, durch den Austausch bzw. die Verbindung von Organen bzw. Körperflüssigkeiten kommt.[194] Sehr bedeutsam im Hinblick auf die Verbindung der Episoden untereinander sind auch die immer wiederkehrenden Themen, die meist in allen Handlungssträngen anzutreffen sind. So ist in AMORES PERROS vor allem die omnipräsente Gewalt episodenübergreifend wie auch der Brüderhass in der Handlung um Octavio und Ramiro sowie in der Episode, die El Chivo gewidmet ist, mit den Halbbrüdern Gustavo und Luis. „Die Auflösung der inneren Integrität der Familie"[195], die nicht nur

---

[194] PRASSLER, Anna: *Narration im neueren Hollywoodfilm, Die Entwürfe des Körperlichen, Räumlichen und Zeitlichen in MAGNOLIA, 21 GRAMS und SOLARIS*, Stuttgart: Ibidem-Verlag, 2008.
[195] MUNDHENKE, F.: *Zufall und Schicksal*, a.a.O., S. 432.

das Verhältnis zwischen Brüdern betrifft, sondern die gesamte Familienstruktur, ist eine weitere thematische Konstante. Diese ist, so suggeriert der Film, vor allem Resultat einer gestörten zwischenmenschlichen Kommunikation, symbolisiert durch die in allen Episoden vorkommenden „stummen Anrufe"[196], wie Florian Mundhenke sie treffend bezeichnet. Dasselbe Thema wird auch in BABEL zum thematischen Mittelpunkt erhoben. Wie schon durch den Titel angedeutet, ist es auch hier die fehlende zwischenmenschliche Kommunikation, die zur thematischen Verknüpfung der Episoden miteinander beiträgt. Ebenso verbindendes Element fungiert auch das Leid, das alle Figuren gleich welcher Herkunft gleichermaßen erfahren. Dies ist auch eine thematische Konstante von 21 GRAMS. In diesem Film spielt darüber hinaus die Frage nach Leben und Tod eine sehr entscheidende Rolle, wie an der Abtreibung und dem Kinderwunsch Marys, Cristinas Schwangerschaft, Jacks gescheitertem und Pauls geglücktem Selbstmordversuch sowie der Herztransplantation deutlich wird.

Die Musik nimmt eine Zwischenstellung zwischen vermittelndem und abgrenzendem Element ein. Einerseits kommt folkloristische Musik oder für den jeweiligen Ort typische Musik zum Einsatz, die die einzelnen filmischen Räume charakterisiert und damit voneinander unterscheidbar macht. Andererseits wird mit dem Soundtrack von Gustavo Santaolalla aber auch eine Musik entworfen, die durch ihren iterativen Einsatz an Übergängen zwischen Episoden sowie in BABEL durch das Instrument des Oud eine Verbindung zwischen den Episoden herstellt.

Die Farbgestaltung, die jeder Episode eine sehr individuelle Ästhetik verleiht, wirkt trennend. Diese Tendenz wird durch Kostüme und Ausstattung unterstützt, welche die Figuren in ihrem Umfeld charakterisieren und ihre unterschiedliche soziale bzw. kulturelle (in BABEL) Situierung unterstreichen. Ein weiteres Element, das auf eine Trennung der einzelnen Handlungsstränge hinarbeitet, ist die Sprache, die, ähnlich wie die Kleidung, zur Charakterisierung beiträgt und damit eine starke Unterscheidbarkeit bewirkt. Eine Ausnahme bildet hier 21 GRAMS. Diese Elemente trennen somit die einzelnen Geschichten und Räume voneinander.

Auf einer höheren Ebene lässt sich dieselbe Beobachtung auf für die Trilogie als gesamtes konstatieren. Während die episodische Erzählweise sowie die allen drei Filmen gemeinsame Thematik von Schuld, Strafe, Schicksal, Schmerz und Leid, Glaube, Hoffnung, oft unerwiderter) Liebe und auch das sehr konstant bleibende Film-

---

[196] Ebd., S. 425.

team, sowohl vor als auch hinter der Kamera, der Trilogie die Einheit verleihen, die sie benötigt, um als solche wahrgenommen zu werden, so sind es auch gerade die unterschiedlichen Spielarten des Episodischen, die sie voneinander unterscheidbar machen. Iñárritu selbst sagt dazu: „Es handelt sich um eine Trilogie mit Geschichten, die zunächst in heimischer Umgebung, später in einem fremden Ambiente und schließlich auf globaler Ebene die tiefgründigen und vielschichtigen Beziehungen zwischen Eltern und Kindern erforschen."[197] Er stellt in diesem Zitat also auch einerseits den Zusammenhang durch die Thematik fest, andererseits die Divergenz durch die zunehmende Globalität der Filme.

Gleiches im Verschiedenen

Was kann man aus dieser Beobachtung nun schlussfolgern? Man muss hier auf zwei Ebenen argumentieren, die letztendlich jedoch nicht scharf voneinander zu trennen sind. Zum einen die dramaturgisch-formale Ebene, auf der anderen Seite die inhaltliche Ebene. Auf erster scheint die Dynamik, die auf Einheit zielt, geradezu notwendig, um den „disparaten Erzählmomenten"[198] eine Einheit zu verleihen und um den Film als Ganzes und damit überhaupt erst als Film erscheinen zu lassen. Die entgegengesetzte Dynamik wiederum, die die Eingliederung in ein Ganzes überhaupt erst nötig macht, zielt dagegen darauf ab, die einzelnen Episoden als stark voneinander abgegrenzt darzustellen und so den Film als episodisch Erzählten zu zeigen und ihn damit von linear-chronologisch erzählten Filmen abzuheben. Diese Beobachtungen auf formaler Ebene können jedoch nur dazu dienen, einen Zweck auch auf inhaltlicher Ebene zu erfüllen. Ich denke, dass wir es hier mit einem zweigliedrigen Prozess, vor allem auch auf der Rezeptionsebene, zu tun haben. Zunächst werden uns die einzelnen Episoden durch die oben dargestellten filmischen Gestaltungsmittel als sehr weit voneinander entfernt präsentiert. Zudem scheinen die Figuren der einen Geschichte gar nichts mit denen der anderen zu tun zu haben. So erscheinen uns beispielsweise die in die mit „Octavio y Susana" betitelte Episode eingeschnittenen Bilder von El Chivo zusammenhanglos und aus dem Kontext fallend. Ebenso ist es in BABEL, wenn wir von der marokkanischen Wüste plötzlich in einen wohlsituierten Haushalt und

---

[197] GONZÁLEZ IÑÁRRITU, A.: in: HAGERMAN, María Eladia: *Babel*, a.a.O., 2006, S. 279.
[198] LÄMMERT, E.: *Bauformen des Erzählens*, a.a.O., S. 37.

kurz danach in eine Volleyballhalle in Tokio katapultiert werden. In 21 GRAMS wird diese Verwirrung nochmals gesteigert, da die achronologische Erzählweise die Orientierung zusätzlich erschwert. Mal sehen wir Paul zusammen mit Cristina, dann wiederum Cristina zusammen mit ihren Kindern und Michael. Wir wissen zunächst nichts über diese anderen Figuren, wir können sie nicht einordnen und noch weniger mit dem uns bereits Bekannten in Verbindung bringen. Wir ahnen zwar, da wir einen Film sehen, dass es eine Verbindung geben muss, jedoch wird uns das Wissen um diese noch verweigert. Es scheint eine Eigenschaft episodisch erzählter Filme zu sein, die Auflösung, die in diesem Fall meistens darin besteht, die Verbindungen zwischen den verschiedenen Episoden deutlich zu machen, erst kurz vor Ende des Films zu präsentieren. Damit teilen diese Filme eine wesentliche Eigenschaft mit solchen, die einer klassischen Dramaturgie folgen. Zunächst werden wir auf Grund der Inszenierung dazu bewegt, die einzelnen Episoden als weit voneinander entfernt wahrzunehmen. In einem zweiten Schritt nun werden diese zusammengebracht und zwar nicht nur durch die Verbindungen wie den Unfall oder das Kennenlernen der Figuren untereinander, sondern gerade auch durch die sie alle verbindenden Sorgen, Leiden, Nöte und Probleme.

Ich bemerkte, dass uns Menschen zwar unterschiedliche Dinge glücklich machen können, die Gründe für unser Unglück und unsere Verletzlichkeit jedoch – unabhängig von unserer Kultur, Rasse, Sprache oder finanziellen Lage – bei allen Menschen gleich sind. Ich entdeckte, dass sich die große menschliche Tragödie auf die Unfähigkeit, zu lieben oder geliebt zu werden, beschränkt, auf das Unvermögen, dieses Gefühl, das dem Leben und Tod jedes Einzelnen Sinn gibt, zu erfahren und von ihm durchdrungen zu werden. So verwandelte sich Babel in einen Film über das, was uns verbindet, und nicht über das, was uns trennt.199 [...] Diese Dinge sind die Liebe und der Schmerz.[200] [...] Ich bemerkte, dass das Aufeinanderprallen der nordamerikanischen und der moslemischen Kultur nicht auf einer radikalen Gegensätzlichkeit, sondern auf ihrer unglaublichen Ähnlichkeit beruht. Ihr Fanatismus, ihr extremer Nationalismus und die Art und Weise, wie sie die Frau zum Objekt machen, sind sich sehr ähnlich, auch wenn sie unterschiedlich scheinen mögen.[201]

Die Strategie gegenläufiger Dynamiken sagt in diesem Fall aus: Egal wie unterschiedlich die Figuren der jeweiligen Episoden auch anmuten mögen, so unterschied-

[199] GONZÁLEZ IÑÁRRITU, A.: in: HAGERMAN, María Eladia: Babel, a.a.O., 2006, S. 279.
[200] Ebd., S. 286.
[201] Ebd., S. 287.

lich sie auch zu sein scheinen, letztendlich sind sie alle miteinander verbunden, und, was noch wichtiger ist, sie ähneln sich viel mehr als sie sich unterscheiden. Die in allen Episoden wiederkehrenden Thematiken, die oben dargestellt wurden, unterstreichen diese These. Das Wichtigste, was alle Menschen in den Filmen teilen, sind jedoch die Gefühle, das Leiden, das Lieben und der Schmerz, wie Iñárritu betont: „Creo que revela que el dolor es igual para todos, es universal. Lo mismo sufre el rico que el pobre y lo mismo sufre el comunista que el capitalista y lo mismo sufre el yuppie que el pordiosero y lo mismo sufre el rey que el esclavo."[202] Dieses „Herausarbeiten des Ähnlichen im Verschiedenen"[203] nennt auch Treber als ein wesentliches Merkmal episodischer Erzählungen. Hsuan Hsu macht eine ähnliche Beobachtung in seinem Artikel über CRASH:

> Ensemble films appeal to all these fears and fantasies: most of their individual characters and suburban couples share a sense of urban or suburban isolation, but the camera exposes or at least intimates connections even when characters feel most alienated: when characters are not unwittingly rubbing shoulders or crashing cars on the streets, cross-cutting shows that they are at least all unified by common experiences [...].[204]

Das Motiv des „Gemeinsam Einsam" scheint demnach tatsächlich eine Eigenschaft episodisch erzählter Filme zu sein.

---

[202] GONZÁLEZ IÑÁRRITU, Alejandro: Hinter den Kulissen, in „Specials", in: Amores Perros (deutsche DVD), México 2000.
Ich glaube, dass der Film zeigt, dass der Schmerz für alle gleich ist, dass er universell ist. Der Reiche wie der Arme, der Kommunist wie auch der Kapitalist, der Yuppie und der Bettler, der König und der Sklave, alle leiden sie gleich. (Eigene Übersetzung).

[203] TREBER, K.: Auf Abwegen, a.a.O., S. 23.

[204] HSU, Hsuan L.: „Racial Privacy, the L.A. Ensemble Film, and Paul Haggis's Crash", in: Film Criticism, Fall/Winter 2006, Vol. XXI, Nr. 1-2. 30th Anniversary: Special Double Issue – Complex Narratives, S. 132-156, S. 137.

D. Die episodische Struktur der analysierten Filme

Im Folgenden werde ich die episodische Komposition der Filme näher untersuchen. Dazu möchte ich mich zweier Begriffe bedienen, die bereits von den russischen Formalisten in den 20er Jahren des 20. Jahrhunderts eingeführt wurden und noch heute verwendet werden, Fabel und Sujet.[205] Während der erste Terminus laut Tomaševskij die „Gesamtheit der Motive in ihrer logischen, kausal-temporalen Verknüpfung"[206] beschreibt, bezieht sich der zweite auf „die Gesamtheit der Motive in derjenigen Reihenfolge und Verknüpfung, in der sie im Werk vorliegen".[207] Oder um es mit Jens Eder – auf den Film bezogen – zu sagen: „Wenn man die Fabula sprachlich wiedergibt, so erhält man eine Nacherzählung der Geschichte von ihrem zeitlichen Anfang bis zum Ende, beim Sujet dagegen ein Sequenzprotokoll."[208]

---

[205] Ich verwende hier die eingedeutschten Schreibweisen Fabel und Sujet.

[206] TOMAŠEVSKIJ, Boris: *Theorie der Literatur*, nach d. Text d. 6. Aufl. (Moskau - Leningrad 1931) hrsg. u. eingeleitet von Klaus-Dieter Seemann. Aus dem Russischen übersetzt von Ulrich Werner, Wiesbaden: Harrassowitz, 1985, S. 218.

[207] Ebd.

[208] EDER, Jens: *Dramaturgie des populären Films*, Hamburg: Lit. 2007³, S. 12. In dem Labyrinth der verschiedenen Termini, die für die hier beschriebenen Strukturen in der Erzähltheorie vorliegen (vgl. beispielsweise die tabellarische Aufstellung bei MARTÍNEZ/SCHEFFEL: *Einführung in die Erzähltheorie*, a.a.O., S. 26), entscheide ich mich deshalb für die von den russischen Formalisten vorgeschlagene Nomination, da diese bereits von ihren Begründern auch auf den Film angewandt wurde (vgl. TYNJANOV, Jurij N.: „Über die Grundlagen des Films", in: ALBERSMEIER, Franz-Josef (Hrsg.): *Texte zur Theorie des Films*, Stuttgart 2001⁴, S. 138-171, S. 164-170) und auch von dem bedeutenden neoformalistischen Filmwissenschaftler Bordwell wieder aufgegriffen wurde (vgl. BORDWELL, David: *Narration in the Fiction Film*, Nachdruck, Madison: Univ. of Wisconsin Press, 2007, S. 49-53). Zudem umschließen andere Begrifflichkeiten, etwa die Dichotomie *discours/histoire* des Theoretikers Tzvetan Todorov andere Aspekte, wie vor allem die Vermittlungsebene und das Verhältnis von Erzähler und Erzähltem, was für unsere Fragestellung sekundär ist.

I. Sujet und Fabel in AMORES PERROS

Sujet

Es sind drei, scheinbar unabhängige Geschichten, die in AMORES PERROS erzählt werden. Die Anordnung in der Erzählzeit entspricht der folgenden: Nach einem Prolog, der den Unfall aus der Sicht Octavios und Jorges darstellt, beginnt die Geschichte von Octavio und Susana, was durch einen Zwischentitel klar angekündigt wird. Nach circa einer Stunde Erzählzeit beginnt die Episode über Daniel und Valeria, die mit 32 Minuten Erzählzeit kürzeste des Films. Als letztes wird die Geschichte von El Chivo und Maru erzählt, welcher eine knappe Stunde gewidmet wird.

Die einzelnen Episoden folgen jedoch nicht in sich abgeschlossen aufeinander. In jeder Episode werden kurze Fragmente der anderen beiden eingeschoben. Im zweiten Kapitel allerdings gibt es keine Einschübe aus der ersten Geschichte, genauso wenig wie Daniel und Valeria in der letzten Episode auftauchen. Nur das Plakat Valerias, das gerade herabgelassen wird, ist in der Geschichte von El Chivo einmal kurz zu sehen, wodurch die in der Literatur immer wieder erwähnte Gleichzeitigkeit suggeriert wird.

Die Einschübe der kurzen Ausschnitte aus dem Leben der anderen Protagonisten erzeugen eine gewisse Spannung, da wir noch nicht wissen, wer diese Personen sind und was sie mit den uns bereits bekannten Figuren zu tun haben. Wir können uns jedoch bereits ein sehr gutes Bild von ihnen machen, da alle vorgeschobenen Fragmente der Charakterisierung der Figuren dienen. So sehen wir El Chivo beispielsweise mit seinen Hunden, bei der Beerdigung sowie bei der Durchführung eines seiner Auftragsmorde. Daniel wird durch das Setting eingeführt, das ihn als wohlhabend kennzeichnet. Ebenso wird bereits durch die gewählten Szenen klar, dass er eine Affäre hat, die er vor seiner Frau verschweigt. Auch Valeria wird kurz und prägnant durch ihren Auftritt im Fernsehen eingeführt, wo sie als schönste Frau Lateinamerikas bezeichnet wird.[209]

---

[209] Übrigens eine bittere Ironie, da im Laufe des Films klar wird, dass Valeria spanischen Ursprungs ist, was auch durch ihre Sprache deutlich zu Tage tritt.

Fabel

Die Aufteilung in drei Kapitel, von denen jeweils eines einer Geschichte gewidmet ist, und die damit einhergehende formale Trennung entspricht auch der inhaltlichen Ebene. Die Verbindungen und Überschneidungen zwischen den einzelnen Geschichten sind relativ gering. Es wäre auch denkbar alle drei Geschichten separat in mittellangen Filmen zu verarbeiten, weil jede der Geschichten einem klassischen Aufbau mit Exposition, Spannungsaufbau, Klimax und Auflösung folgt. Nur im Moment des Unfalls treffen die Figuren aufeinander. Dieser kurze Moment des Aufeinandertreffens hat jedoch gravierende Auswirkungen auf alle Personen. Die Verbindungen, die sich durch diesen Unfall ergeben, sind die folgenden: Octavio als Unfallverursacher ist indirekt mit Valeria verbunden, da sie durch den Unfall schwer verletzt wird und als Spätfolge ihr Bein verliert. Dies ist wiederum der Grund für die Kündigung ihres Modelvertrages von Seiten der Firma, für die sie gearbeitet hat. El Chivo seinerseits hilft Octavio aus dem Auto und nimmt sich Cofi an. Dadurch nimmt Octavio durch die Verursachung des Unfalls indirekt auch Einfluss auf El Chivo, da Cofi die Hunde von El Chivo töten und damit dessen Ersatzfamilie zerstören wird. Dies wiederum führt dazu, dass sich El Chivo seiner Taten bewusst wird und Reue zeigt. Somit nimmt Octavio auf Valeria und El Chivo Einfluss. Diese beiden hingegen bleiben kausal unverbunden. Ihre Handlungsstränge befinden sich lediglich für kurze Momente räumlich nebeneinander, ohne sich jedoch zu berühren oder gegenseitig Einfluss aufeinander zu nehmen. Was ebenfalls interessant ist, ist die Tatsache, dass sich die drei Hauptfiguren im Laufe des Films nicht kennenlernen. Ihre Wege durch Mexiko City verlaufen zwar ab und zu parallel, sie kreuzen sich jedoch nicht. Damit sind den Figuren die Verbindungen, die sich zwischen ihnen entwickeln, nicht bewusst. Das Netz der gegenseitigen Beeinflussungen spannt sich einzig und allein dem Zuschauer auf.

Der Film erzählt drei beinahe voneinander unabhängige Geschichten, die sich jedoch in einem Punkt ihres Lebens überschneiden (ohne dass sich die Figuren dessen bewusst wären). Dieses kurze Zusammentreffen reicht jedoch aus, um jedem der einzelnen Leben eine vollkommen unterschiedliche Wendung zu geben. Die folgende Grafik veranschaulicht diese Struktur:

Octavio y Susana   Daniel y Valeria

El Chivo

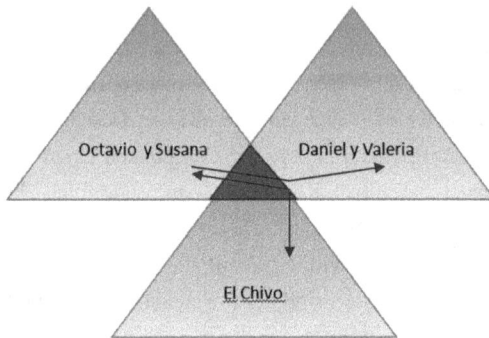

Abb. 1: Episodische Struktur, wechselseitige Einflüsse und Abhängigkeiten sowie Konvergenz der einzelnen Teilgeschichten in AMORES PERROS (eigene Darstellung)

Für die grafische Darstellung habe ich Dreiecke für die Darstellung der einzelnen Geschichten gewählt, da dies eine geometrische Form ist, die drei Figuren in einem Punkt vereinen kann, während die übrigen Teile weit voneinander entfernt liegen. Somit wird visualisiert, dass sich die Geschichten alle eigenständig entwickeln, ohne die anderen zu berühren. Es gibt nur einen Moment, in dem sich die Geschichten berühren und überschneiden. Die Pfeile stellen die gegenseitigen Einflussnahmen wie oben beschrieben dar.

II.   Sujet und Fabel in 21 GRAMS

Sujet

Die episodische Struktur von 21 GRAMS unterscheidet sich augenfällig von der der anderen beiden Filme. Es ist der einzige Film, der die Geschehnisse nicht in ihrer chronologischen Abfolge präsentiert. Die einzelnen Sequenzen, in die der Film aufgeteilt ist und deren Anzahl sich auf über 100 beläuft,[210] scheinen auf den ersten Blick willkürlich angeordnet. Untersucht man die Anordnung der einzelnen Fragmente jedoch eingehend, stellt sich heraus, dass der Film nicht vollkommen ungeordnet ist. Vielmehr sind es nur wenige Szenen, die der Chronologie komplett zuwider laufen. Man könnte den Film grob in Abschnitte einteilen, in denen bestimmte Ereignisse der Handlungen verstärkt behandelt werden. Dies scheint auch die Intention Iñárritus gewesen zu sein, der im Making Of, das auf der deutschen DVD enthalten ist, sagt: „I wanted to explore the emotional order of the events, which is the human way to do it." So stehen die Sequenzen am Anfang der Erzählzeit verstärkt in Verbindung mit der Exposition und Charakterisierung der Figuren. Wir sehen sie in ihrer Umgebung und in Verbindung mit Tätigkeiten, die sie charakterisieren. So wird Jack durch seinen tiefen Glauben charakterisiert, jedoch auch durch seine Vergangenheit als Sträfling. Auch bei Cristina wird uns eine ähnliche Spaltung vorgeführt. Ihre Vergangenheit als Drogenabhängige wird durch ihre Teilnahme an einer Gruppentherapie angedeutet; gleichzeitig wird sie als liebende und fürsorgliche Mutter eingeführt. Von Paul erfahren wir vor allem, dass er schwer krank ist, da die ersten ihm gewidmeten Einstellungen ihn im Krankenhaus zeigen. Ebenso wird der Konflikt mit seiner Frau Mary etabliert. Ein nächster thematischer Block ist dem Unfall gewidmet, der allen drei Erzählsträngen eine entscheidende Wendung gibt. Interessant ist hierbei, dass der Unfall selbst nicht nur gar nicht gezeigt wird, sondern erst nach der Hälfte der Erzählzeit inszeniert wird. Ein nächster Abschnitt behandelt die Organspende und – transplantation. Danach wird das neue Leben der Figuren gezeigt und ihre Versuche mit ihren jeweils neuen Situationen zu Recht zu kommen. Dies ist im Falle Jacks der Umgang mit seiner Schuld und der Wunsch, sich selbst zu bestrafen, im Falle Pauls die Feier des neuen Lebens und die Suche nach den Angehörigen des Spenders und bei Cristina die tiefe Trauer, Fassungslosigkeit und Einsamkeit und der damit verbundene Rückfall in ihr altes Leben. Danach wird die Annäherung Cristinas und Pauls inszeniert sowie der Gefängnisaufenthalt, der Selbstmordversuch und schließlich die Entlassung Jacks. Einen letzten thematischen Block könnte man mit Rache betiteln, da sich die Sequenzen gegen Ende der Erzählzeit hauptsächlich um den Rachewunsch Cristinas drehen und die gemeinsame Planung von ihr und Paul um diesen Wunsch zu realisieren. Auch Jack scheint sich an sich selbst oder vielleicht sogar an Jesus rächen zu wollen, indem er sich das eintätowierte Kreuz aus dem Arm

---

[210] Vgl. THIELE, J.: *Verwirrende Erzählungen*, a.a.O., S. 100.

brennt. In diesem Schlussteil des Films werden auch zwei der Hauptthemen, nämlich Tod und Leben, durch die doppelte Schwangerschaft und den Tod Pauls zu einem Höhepunkt gebracht.

Durch diese relative Ordnung im Sujet werden auch Szenen, die der chronologischen Ordnung extrem zuwider laufen, nicht als tiefgreifende Unterbrechung wahrgenommen, da sie sich thematisch und emotional, wie von Iñárritu dargelegt, in das gerade behandelte Geschehen einfügen. So ist z.b. eine Szene, in der Cristina und Paul zusammen im Bett zu sehen sind, auf der Zeitachse eigentlich viel später anzusiedeln, da jedoch in dem Abschnitt des Films ihr Zueinanderfinden gezeigt wird, fügt sich diese Szene beinahe nahtlos in den Ablauf ein.

Trotz allem soll diese Einteilung keinesfalls darüber hinwegtäuschen, dass der Film eine achronologische Erzählweise verfolgt und es einige Sequenzen (ca. 20) gibt, die sich der Chronologie völlig entziehen.

Die Vermutung liegt nahe, dass die Filmemacher ein Minimum an Chronologie und thematischer Zusammenfügung der Episoden erreichen wollten, um dem Zuschauer das Verständnis zu erleichtern oder überhaupt erst zu ermöglichen. Ein weiterer Effekt der vorliegenden Anordnung der Episoden ist, dass eine beständige Zunahme der Dramatik erreicht wird. So erfährt Cristina erst zu Ende, dass Paul Michaels Herz hat, was einer der emotionalen und schauspielerischen Höhepunkte des Films ist. Auch der Racheakt von Cristina und Paul, der in der dramatischen Auseinandersetzung zwischen den drei Protagonisten und dem Selbstmord Pauls endet, wird hauptsächlich am Ende verhandelt. Dadurch, dass wir erst zum Schluss fähig sind, die einzelnen Puzzlesteine zu einem Gesamtbild zusammenzufügen, werden wir uns auch erst ganz zum Schluss des Films des Ausmaßes der Tragödie für alle Beteiligten bewusst, wodurch die Dramatik am Ende ihren Höhepunkt erreicht. Mögliche Gründe für die teilweise achronologische Erzählweise könnten auch sein, dass die ungeordnete Struktur den Gefühlszustand der Figuren spiegelt, die durch die tragischen Vorfälle völlig aus ihren geordneten Bahnen gerissen werden. Sowohl Iñárritu als auch der Drehbuchautor Guillermo Arriaga betonen zudem immer wieder in Interviews, dass die ungeordnete Erzählweise auch unserem spontanen Geschichtenerzählen im Alltag entspricht, das sich stärker an unseren Gefühlen beim Erleben der jeweiligen Geschichte orientiert als an ihrem tatsächlichen Ablauf.[211]

Fabel

Wie bereits dargestellt, ist der Zuschauer am Ende von 21 GRAMS in der Lage, alle Segmente zu einer logischen Gesamtheit zusammenzustellen. Alles beginnt mir Jack, der auf Grund seiner ungerechtfertigten Kündigung vermutlich trinkt und trotzdem später Auto fährt. Er überfährt Michael und dessen beide Töchter und begeht Fahrerflucht. Dies wiederum hat Auswirkungen auf Cristina, die verwitwet zurückbleibt. Doch auch Pauls Leben ändert sich auf Grund des Unfalls. Da Cristina der Organspende ihres Mannes zustimmt, erhält Paul das dringend benötigte Spenderherz. Paul wiederum beeinflusst das Leben Cristinas, da er unbedingt herausfinden will, wem er sein neues Leben zu verdanken hat. Dank der Hilfe eines Privatdetektivs nähert er sich Cristina, die jedoch nichts von der Sache weiß, in ihm eine moralische Stütze findet und sich schließlich in Paul verliebt. Ab diesem Zeitpunkt konvergieren ihre beiden Handlungsstränge zu einem neuen. Dieser wiederum nimmt Einfluss auf Jack, an dem sich die beiden rächen wollen, obwohl sich dieser auf Grund seiner unerträglichen Schuldgefühle bereits selbst bestraft. Die drei Protagonisten treffen schließlich in einem finalen ‚Showdown' aufeinander, der mit dem Selbstmord Pauls endet.

Wir haben es also mit einem dichten Netz wechselseitiger Abhängigkeiten und Einflussnahmen zu tun. Gleichzeitig finden sich auch immer wieder Parallelen und Überschneidungen, vor allem was die Gefühle der Protagonisten betrifft. Alle Personen sehen sich mit dem schmerzhaften Thema des Todes, der Schuld und des Schmerzes konfrontiert.

Auch für 21 GRAMS habe ich die Struktur grafisch dargestellt:

---

[211] Vgl. beispielsweise Alejandro González Iñárritu im *Making Of* zu 21 GRAMS oder Guillermo Arriaga bei dem runden Tisch in Cannes anlässlich der Premiere des ebenfalls achronologisch erzählten THE THREE BURIALS OF MELQUÍADES ESTRADA (Tommy Lee Jones, 2005), zu dem er das Drehbuch geschrieben hat (enthalten auf der spanischen DVD des Films).

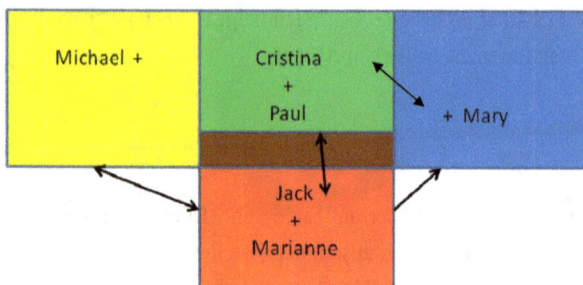

Abb. 2: Episodische Struktur, wechselseitige Einflüsse und Abhängigkeiten sowie Konvergenz der einzelnen Teilgeschichten in 21 GRAMS (eigene Darstellung)

Ich habe die rechteckige Form gewählt, um die verschiedenen Handlungsstränge zu symbolisieren. Damit wollte ich einerseits die „Eckigkeit" der Geschichten ausdrücken, da es keine runden Geschichten sind, sondern Dramen mit vielen Ecken und Kanten, verbunden mit sehr viel Schmerz und Leid für die Protagonisten. Außerdem eignet sich diese Form am besten um die Konvergenz von zwei und am Ende drei Handlungssträngen zu einem darzustellen, was zusätzlich durch die Farbe ausgedrückt wird. Zu Anfang gibt es drei verschiedene, voneinander unabhängige Erzählstränge: den von Jack und Marianne (rot), den von Cristina und Michael (gelb) und den von Paul und Mary (blau). Etwa nach der Hälfte der erzählten Zeit beginnen sich die Geschichten von Paul und Cristina zu vereinen, was durch das Grün (der Mischung aus Gelb und Blau in der subtraktiven Farbmischung) dargestellt wird. Gegen Ende der Fabel vereint sich auch der letzte Handlungsstrang mit jenem. Dies habe ich versucht durch die Mischfarbe der subtraktiven Primärfarben Blau, Gelb und Rot: Braun, darzustellen. Die Pfeile deuten, wie auch schon in dem vorherigen Beispiel, die Kausalbeziehungen und wechselseitigen Einflüsse zwischen den einzelnen Protagonisten an. Zunächst nimmt Jack durch das Verursachen des Unfalls Einfluss auf Michael und Cristina, indem er den ersten tötet und Cristina zur Witwe macht. Auch auf die Geschichte von Paul und Mary hat der Unfall Auswirkungen, da Paul durch das Spenderherz ein neues Leben erwartet und durch die Beziehung zu Cristina die Ehe von Paul und Mary endgültig zerbricht. Aber auch Cristina nimmt durch ihre Zustimmung zu der Organspende entscheidenden Einfluss auf die Geschichte von Paul und Mary. Das wiederum wirkt auf sie zurück, da sie dadurch Paul kennenlernt, was ihr Leben entscheidend verändern wird. Die ganze Situation hat auch erschütternde Auswirkungen auf Jack, der durch seine Schuldgefühle seinen Glauben verliert, der ihm Halt und Stütze für ein neues, besseres Leben nach seinem Gefängnisaufenthalt war, weswegen die Pfeile auch auf ihn zurückweisen. Zudem sieht er sich auch der Gefahr durch den Rachewunsch ausgesetzt.

Es ist deutlich geworden, dass die wechselseitigen Einflussnahmen und Abhängigkeiten beinahe unüberschaubar sind. Sicherlich gibt auch die Grafik die filmische Realität nur sehr ungenau wieder, da die Handlungsstränge in einer solch komplexen Weise miteinander verwoben sind, dass eine exakte Bestimmung der Beziehungen beinahe unmöglich ist.

III. Sujet und Fabel in BABEL

Sujet

Betrachtet man sich die Anordnung der einzelnen Szenen in Babel genauer, so stellt man leicht fest, dass sie einer festen Struktur und einem ebenso klaren Aufbau folgen. Die Episoden wechseln sich stets in der immer gleichen Reihenfolge ab. Überdies fällt auf, dass die Erzählzeit, die den einzelnen Geschichten zukommt, beinahe für alle vier Geschichten identisch ist und sich auf ca. eine halbe Stunde beläuft.

Auch die Länge der einzelnen Episoden ist relativ konstant. Es gibt auch einige kürzere und längere Episoden, das Mittelmaß ist jedoch eher regelmäßig und pendelt sich bei ca. 5-6 Minuten ein.

Eine Auffälligkeit bei der Struktur des Films ist, dass gerade die 21. und 22. Szene in dem ansonsten ganz regulären Aufbau des Films vertauscht sind. Die Frage nach dem Grund hierfür ist nicht leicht zu beantworten. Auch nach mehrmaligem Sehen des Films und intensiver Recherche in Kritiken sowie online war keine Aussage darüber geschweige denn eine eindeutige Erklärung zu finden. Das Einzige, was vielleicht zu einer eventuellen Erklärung führen könnte, ist die nähere Betrachtung des Inhalts dieser beiden Episoden. Es ist die Stelle, in der Amelia aus den USA, wo sie sich 16

Jahre lang ein Leben aufgebaut hatte, ausgewiesen wird. In der Geschichte von Yussef und Ahmed ist es die Szene, in der der unschuldige Ahmed getötet wird und sich Ahmed der Polizei stellt. Wenn man annimmt, dass versucht wurde, diesen extremen Bruch, den dies für die jeweiligen Protagonisten bedeutet, in der filmischen Struktur wiederzugeben, könnte dies vielleicht als Erklärung für die Unregelmäßigkeit dienen.

Fabel

Soviel zur zeitlichen Abfolge der Episoden. Die andere Frage, die sich stellt, ist, wie die einzelnen Geschichten, sowie die Episoden, in denen sie erzählt sind, zueinander in Verbindung stehen. Das erste, was ins Auge fällt, ist, dass sie zunächst scheinbar fast nicht untereinander verbunden sind. Alle vier Geschichten könnten auch alleine für sich erzählt werden. Und dennoch besteht eine Verbindung und eine gegenseitige Einflussnahme: Der Schuss, der von den marokkanischen Jungen abgegeben wird, trifft die amerikanische Touristin Susan, die schwer verletzt wird und beinahe den ganzen Film über in Lebensgefahr schwebt. Dies hat Einfluss sowohl auf die zerrüttete Beziehung zu ihrem Mann Richard, welche sich durch den Vorfall wieder erholt, sowie auf die nächste Geschichte, die Amelias, die während Richards und Susans Abwesenheit zu Hause in San Diego auf die beiden Kinder der Familie aufpasst. Amelia möchte am betreffenden Tag auf die Hochzeit ihres Sohnes nach Mexiko, soll jedoch nach dem Vorfall bei den Kindern bleiben. Amelia, die sich in der Zwickmühle sieht, weiß sich keinen anderen Rat, als die Kinder mit auf die Hochzeit zu nehmen, was letztendlich durch die Verkettung unglücklicher Umstände zur Ausweisung von Amelia aus den USA führt. Die Verbindung zur Geschichte des japanischen taubstummen Teenagers Chieko entsteht durch das Gewehr, dessen Schuss die tragische Kette von Ereignissen ausgelöst hat. Der Vater Chiekos, Yasujiro, hatte (vor Einsetzen der Filmhandlung) das Gewehr zum Dank seinem Jagdführer Hassan Ibrahim geschenkt, von welchem es der marokkanische Ziegenhirt erworben hat. Auch auf die japanische Familie haben die Ereignisse Einfluss, da die Polizei Nachforschungen über das Gewehr anstellt, was zum Kontakt Chiekos mit dem Polizisten und schließlich zur Versöhnung mit ihrem Vater führt.

Was die Zeitstruktur der einzelnen Geschichten anbelangt, so ist die erzählte Zeit und die Momente, an denen sich die Geschichten überschneiden, kaum zu ermitteln. Nicht nur die unterschiedlichen Zeitzonen, in denen die Geschichten spielen, sondern auch die kaum vorhandenen zeitlichen Angaben sowie einige Widersprüche machen die Erstellung eines Zeitrasters unmöglich.

Ein weiterer Aspekt, der mit der Zeitstruktur von Babel zusammenhängt, ist die Tatsache, dass die einzelnen Geschichten zwar in sich chronologisch erzählt werden, aber was die Gesamtstruktur angeht, der Film die Chronologie nicht einhält. So telefoniert z.b. Richard relativ zu Beginn des Films mit Amelia. Während dieses Anrufs befindet er sich, wie wir später erfahren, im Krankenhaus, als Susan gerade in den OP-Saal geschoben wird. In der nächsten, in der Erzählzeit folgenden Szene ist Susan jedoch noch gar nicht angeschossen worden. Abbildung 3 stellt das Beziehungsgeflecht und die wechselseitigen Einflussnahmen überblickartig dar.

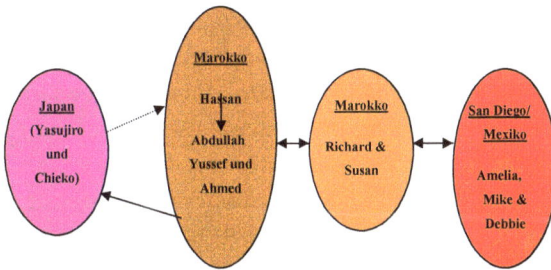

Marokko

Japan
(Yasujiro
und
Chieko)

Hassan
Abdullah
Yussef und
Ahmed

Marokko
Richard &
Susan

San Diego/
Mexiko
Amelia,
Mike &
Debbie

Abb. 3: Episodische Struktur, wechselseitige Einflüsse und Abhängigkeiten der einzelnen Teilgeschichten in BABEL (eigene Darstellung)

Dabei schienen mir vor allem zwei Punkte besonders wichtig: Zum einen sollte deutlich werden, dass die Verbindungen, die zwischen den einzelnen Handlungssträngen von BABEL bestehen, sehr marginal sind. Zum anderen habe ich Linien zur Verbindung der weit entfernt liegenden Kreise, die die Geschichten darstellen und in der Farbe gehalten sind, die auch im Film die jeweilige Episode dominiert, gewählt, anstatt sich die Kreise überschneiden zu lassen. Dies soll zum Ausdruck bringen, dass die einzelnen Handlungen sehr weit auseinander liegen, und sich physisch gar nicht berühren. Sie spielen nicht nur an vier verschiedenen Orten, sondern sogar auf verschiedenen Kontinenten. Tatsächlich begegnen sich die Protagonisten im Film nicht ein einziges Mal. Die einzige reale Begegnung, von der wir wissen, dass sie stattgefunden hat, liegt vor Beginn der Filmhandlung, nämlich die zwischen Yasujiro und seinem Jagdführer Hassan. Im Film selbst kommen alle in der Grafik verzeichneten Linien nur durch mittelbare Wege zustande, allen voran durch das Telefon. Das macht wiederum deutlich, dass die handelnden Figuren auch emotional weit voneinander entfernt sind. Und auch durch die modernste Kommunikationstechnologie, so die ernüchternde Aussage des Films, sind sie einander nicht näher zu bringen.

Der zweite wichtige Punkt ist die Tatsache, dass die Pfeile immer in beide Richtungen zeigen. Die Verbindung zwischen dem ersten und dem zweiten Oval ist absichtlich durch zwei Pfeile gekennzeichnet, da die Verbindungen zeitlich sehr weit auseinander liegen und die anderen Glieder der Kettenreaktion (drittes und viertes Oval) zeitlich dazwischen liegen. Der obere Pfeil soll die Schenkung des Gewehres darstellen, während der untere Pfeil das Verhör durch die Polizei darstellt, welches insofern einen nicht unerheblichen Einfluss auf die Familie hat, als dass der Selbstmord der Mutter wieder in Erinnerung gerufen wird. Der Doppelpfeil zwischen den beiden in Marokko spielenden Geschichten stellt einmal die Verletzung Susans durch den von Yussef abgefeuerten Schuss dar, sowie in der anderen Richtung die darauf folgende Fahndung durch die Polizei, welche den Tod des eigentlich unschuldigen Ahmeds zur Folge hat. Auch zwischen der Geschichte von Susan und Richard und der Amelias steht ein Doppelpfeil, da durch das Schicksal Susans nicht nur Amelia aus den USA verwiesen wird, sondern auch die Familie von Richard und Susan ein bis dahin sehr zuverlässiges und fürsorgliches Kindermädchen, das eigentlich schon ein Teil der Familie war, verliert.

Diese Struktur hat zur Folge, dass dieses Geflecht von Geschichten und Handlungen ein sehr sensibles ist. Sobald sich in nur einer der vier Geschichten etwas ändert, werden sofort – durch die bestehenden Verbindungen – auch alle anderen Handlungen beeinflusst. Eine Kettenreaktion wird in Gang gesetzt, welche alle Geschichten aus dem Gleichgewicht bringt. Dies ist meiner Meinung nach auch der Mehrwert, den der Film als Ganzes gegenüber der Summe seiner Bestandteile hat.

IV.   Spielarten des Episodischen in den untersuchten Filmen

Iñárritus erster Spielfilm AMORES PERROS ist durch die Verbindung der einzelnen Handlungsstränge auf der Ebene der Diegese eindeutig als episodisch erzählter Film zu klassifizieren. Wie im Kapitel B.III.4.b) dargestellt ist diese große Untergruppe des episodischen Erzählens im Film theoretisch noch weiter aufteilbar, wie auch die unterschiedlichen Klassifizierungsversuche verschiedener Autoren gezeigt haben. So könnte man z.B. eine Einteilung nach der Anzahl der Figuren vornehmen, die in diesem Film eher begrenzt ist. Trotzdem entspricht die Figurenkonstellation nicht der Ensemblestruktur, da die Protagonisten sich nicht gegenseitig kennen und sich nicht als Gruppe empfinden. Eine weitere Möglichkeit der Einteilung wäre nach der Art der Zusammenführung der verschiedenen Handlungsstränge. Hierbei entspräche der Film dem, was Ramírez Berg als *Hub and Spoke-Plot* bezeichnet, da die Geschichten an einem zentralen Ort zu einem bestimmten Zeitpunkt aufeinander treffen.

21 GRAMS ist ebenfalls in die Kategorie des episodisch erzählten Films einzureihen. Auch hier ist die Anzahl der Hauptfiguren auf drei Paare reduziert. Diese Konstellation ändert sich jedoch im Laufe des Films. Des Weiteren ist auch hier eher von einem Figurenmosaik denn von einem Ensemble zu sprechen, da sich weder alle fünf Figuren untereinander kennen noch sich als Gruppe wahrnehmen. Da sich die Kreuzung der Handlungsstränge durch den gesamten Film durchzieht, und nicht wie in AMORES PERROS auf einen Moment reduziert ist, gliedert sich der Film in die Reihe solcher Filme ein, bei denen eine unzertrennbare Verbindung zwischen den Handlungssträngen vorhanden ist. Dies lässt sich daran überprüfen, dass man kaum eine der drei Geschichten erzählen kann, ohne mindestens eine der Hauptfiguren einer anderen Episode zu erwähnen.

Die Analyse von BABEL hat die Eigenständigkeit der Geschichten hervorgehoben. Dies nähert den Film dem Episodenfilm an, der normalerweise aus einzelnen Kurzfilmen besteht, die alle auch für sich alleine stehen könnten. Jede der einzelnen Episoden hat ihre Protagonisten, einen Konflikt, einen Spannungsbogen und eine Auflösung. Somit könnte man theoretisch jede Episode als einzelnen Kurz- bzw. mittellangen Film auswerten. Die Verbindung zwischen den einzelnen Episoden, die in der Grafik durch die dünnen Linien dargestellt ist, verbietet jedoch laut Definition eine Einordnung in diese Unterform des Episodischen. Auf der anderen Seite fällt jedoch auch eine Kategorisierung als episodisch erzählter Film schwer, da die Protagonisten mit einer Ausnahme in getrennten filmischen Räumen agieren, sich z.t. nicht einmal kennen, und die Kreuzung und Vermischung der verschiedenen Handlungsstränge auf ein Mindestmaß reduziert ist. Dies zeigt, dass ein wichtiges Prinzip literarischer sowie filmischer Erforschung verschiedener Erzählformen auch für die Untersuchung episodischer Filme gelten muss. Jede Form, die man isoliert, stellt immer nur ein Modell dar, die Praxis entzieht sich diesen theoretischen Überlegungen und stellt fast immer Mischformen vor. Dies ist in der Literaturwissenschaft vor allem im Bereich der Gattungstheorie erörtert worden sowie in der Filmwissenschaft in der Genretheorie. Reinformen erscheinen immer schon als Utopie, weshalb auch die von Treber vorgeschlagene Unterscheidung in Episodenfilme und episodisch erzählte Filme notwendigerweise nur eine Beschreibung der beiden Extrempole leisten kann, nicht aber der Vielfalt Rechnung trägt, die im Dazwischen dieser beiden Seiten liegt.

Es lässt sich feststellen, dass Iñárritu im Verlauf seiner Trilogie beinahe das gesamte Spektrum des Episodischen ausreizt. Dies führt erneut zu den gegenläufigen Dynamiken, die ich sowohl für die einzelnen Filme wie auch für die Trilogie herausgearbeitet habe. Durch diese sehr unterschiedlichen Spielarten des Episodischen erhält jeder Film einen ganz eigenen Charakter, der zusätzlich durch die je eigene visuelle Gestaltung sowie durch die Ungleichheit der erzählten Geschichten und Charaktere verstärkt wird. Dem gegenüber steht die Konstanz des Filmteams, die Musik, die in allen drei Filmen aus der Feder Gustavo Santaolallas stammt, so wie die immer wiederkehrenden Themen, die sich wie ein roter Faden durch die Trilogie ziehen und sie dadurch zu einer solchen vereinen.

V.   Überprüfung der Charakteristika des Episodischen

Nachdem die Filme nun ausgiebig auf ihre Gestaltung sowie ihre Struktur hin untersucht worden sind, möchte ich die eingangs vorgestellten Charakteristika des Episodischen noch einmal aufgreifen und sie mit den aus der Analyse gewonnenen Ergebnissen vergleichen.

Eines der Hauptmerkmale episodischer Filme ist die Aufsplitterung des Geschehens zu Gunsten mehrerer Erzählstränge, so dass eine übergreifende Handlung nicht mehr auszumachen ist. Dies ist auch bei der Trilogie zu beobachten und macht sie laut Definition erst zu einer episodisch erzählten. Dagegen gibt es jedoch immer wieder inhaltliche sowie formale Klammern, die der Zerrissenheit und Fragmentierung entgegenwirken und die Filme zusammenhalten. In der Trilogie von Alejandro González Iñárritu übernehmen diese Funktion vor allem die Musik Santaolallas, die nicht nur in allen Geschichten eines Films vorkommt, sondern auch die Trilogie wie ein roter Faden durchzieht, sowie die immer wiederkehrenden Themen, die alle Figuren vereinen.

Die oft beschriebene, fehlende Psychologisierung der Figuren als Konsequenz aus der Vielzahl der Handlungsstränge ist für Iñárritus Trilogie zu widerlegen. Die Aussage Trebers, dass „Übersicht immer auch identifikatorische und emotionale Distanzierung [bedeutet]"[212], kann für keinen der drei Filme bestätigt werden. Vor allem durch viele Großaufnahmen und eine durch die bewegliche Handkamera ständige Nähe an den Protagonisten wird die Identifikation mit den Figuren ermöglicht. Auch dadurch, dass ein weiteres Charakteristikum episodisch erzählter Filme, die von Treber angesprochene Figurenhydra, auf keinen der Filme der Trilogie zutrifft, und stattdessen eine Konzentration auf drei bzw. vier Figuren oder Figurenpaare erfolgt, ist die Zeit, die jeder dieser Figuren zugestanden wird, relativ lang. So besteht genug Zeit für die Exposition der Handlungsmotivationen und diese werden für den Zuschauer nachvollziehbar gemacht. Ein gutes Beispiel für diese Identifikation mit den Charakteren wäre eine Szene aus BABEL, in der Chieko und ihr Vater zusammen vom Volleyball-Spiel zurückfahren. Die Enttäuschung, die Yasujiro auf Grund dessen fühlen muss, dass seine Tochter ihre Verabredung zum Essen ignoriert und stattdessen lieber mit ihren Freundinnen essen geht sowie die Anschuldigung von ihrer Seite, dass ihre Mutter sie immer verstanden hätte, können wir geradezu in seinem Ausdruck ablesen. Die Kamera verharrt für einige Sekunden ruhig auf seinem Gesicht, sodass wir die Mimik in Großaufnahme erkennen und uns in Yasujiro hineinversetzen können. Ein weiteres Beispiel ist die Szene aus 21 GRAMS, in der Cristina mit verweintem Gesicht auf dem Bett liegt und immer wieder die letzte Nachricht Michaels auf der Mailbox anhört. Auch hier ist die Kamera ganz nah an ihrem Gesicht und wir können die Trauer und den Schmerz, den Cristina in diesem Moment empfindet, mitfühlen. Diese Liste ließe

---

[212] TREBER, K.: *Auf Abwegen*, a.a.O., S. 130.

sich beliebig erweitern, aber ich denke es ist auch aus den Filmanalysen deutlich geworden, dass sich der Regisseur durchaus für seine Protagonisten interessiert und jedem einzelnen eine Geschichte und einen Charakter verleiht.

Auch die angeblich fehlende Kausalität episodischer Filme ist für Iñárritus Trilogie nicht zu bestätigen. Sowohl innerhalb der einzelnen Episoden als auch im Gesamtzusammenhang, in der übergreifenden, die Episoden verbindende Handlung, ist stets eine Ursache-Wirkung-Konstruktion zu ermitteln. Die Geschehnisse folgen logisch auf- und auseinander. Um nur einige wenige Beispiele herauszugreifen: Octavio trainiert Cofi in AMORES PERROS nur deshalb für die Hundekämpfe, weil er in Susana verliebt ist und weil er kein Geld hat um mit ihr zu fliehen. Ebenso gibt El Chivo seinen Job als Auftragskiller auf, weil er durch Cofi auf die Grausamkeit seines Vorgehens aufmerksam geworden ist. In BABEL nimmt Amelia Mike und Debby nur mit nach Mexiko, weil sie keine ihrer beiden Obligationen vernachlässigen kann und will. Deshalb fährt ihr Neffe Santiago noch in derselben Nacht zurück und weil er getrunken hat, ist seine Hemmschwelle herabgesetzt und er entschließt sich, die alltägliche Tyrannei der Grenzpolizei nicht länger zu ertragen. Diese durchaus vorhandene Kausalität und stringente Erzählung ist auch ein Grund dafür, dass sich in den drei hier untersuchten Filmen kaum ein Abschweifen ins Daneben feststellen lässt, wie dies für andere episodische Filme beobachtet worden ist.

Eine Handlungsarmut ist ebenso wenig ein Merkmal der Trilogie. Vielmehr wird die Handlung durch das Erzählen mehrerer, beinahe voneinander unabhängiger Geschichten multipliziert; statt nur einer Geschichte werden sogar drei oder vier erzählt, wobei alle einen Spannungsbogen verfolgen. Daraus resultiert auch die für alle Teile der Trilogie gegebene Überlänge: Die Filme dauern alle zwischen zwei und zweieinhalb Stunden.

Die Offenheit der Erzählung ist teilweise auch hier gegeben. Die etablierten Konflikte werden zwar größtenteils aufgelöst, außerdem werden die Zusammenhänge zwischen den einzelnen Episoden restlos geklärt; und doch bleibt eine gewisse Ungewissheit, wie die einzelnen Geschichten weitergehen werden. Zum Beispiel wissen wir nicht, ob sich Maru nach der Nachricht auf ihrem Anrufbeantworter bei ihrem Vater melden wird. Ebenso wenig wird erzählt, was mit Yussef geschieht, nachdem er sich der Polizei gestellt hat und auch über Amelias neues Leben erfahren wir fast nichts. Ebenso können wir über Cristinas Umgang mit dem wiederholten Tod einer geliebten Person nur Vermutungen anstellen. Andererseits kommen manche Geschichten auch zu einem klassischen Happy End, wie im Falle von Richard und Susan, die ihre Ehekrise, die anscheinend durch den Kindstod ihres Sohnes ausgelöst wurde, durch das gemeinsame Durchleben einer Grenzsituation überwinden. Auch Yasujiro und Chieko finden zum Schluss von BABEL endlich in einer Umarmung zusammen. Die Offenheit, die viele episodische Filme charakterisiert, ist dementsprechend für die hier untersuchte Trilogie nur sehr eingeschränkt festzustellen.

Der von Karsten Treber aufgezeigte Wechsel von Haupt- und Nebenfiguren ist durch die polyfokalisierte Erzählhaltung (s. Kapitel E.V.) auch für die drei Langfilme Iñárritus gegeben. Für die Protagonisten in AMORES PERROS und BABEL sind die Figuren aus den anderen Episoden stets Nebenfiguren, da sie sich untereinander nicht oder nur kaum kennen, und sie aus ihrer subjektiven Sicht gar nichts mit ihnen zu tun haben. Dies wird besonders augenscheinlich in Szenen, wie die des Unfalls in AMORES PERROS: Valeria oder Octavio geraten in der Wiederholung des Unfalls aus der Perspektive El Chivos als Verletzte für einen Moment in den Bildkader, von El Chivo werden sie aber nur kurz wahrgenommen, bevor er sich wieder seinem eigenen Schicksal zuwendet. Auch Amelia beispielsweise ist für Richard nur eine Nebenfigur: Sie soll ihre Interessen den seinen unterordnen, die er in dem Moment als weitaus wichtiger erachtet. Wenn wir allerdings zum Handlungsstrang Amelias zurückkehren, tritt Richard in den Hintergrund und wird von Amelia als Nebenfigur wahrgenommen (dieser Status wird noch dadurch verschärft, dass Richard während Amelias Episode gar nicht im Bild zu sehen ist). Auch Yussef und Ahmed bleiben für Richard und Susan unbekannte Auslöser ihres Schicksals, während die beiden durch den Vorfall ein durchaus erzählenswertes Schicksal widerfährt. In 21 GRAMS ist die Situation etwas anders, da sich der Handlungsstrang von Paul und Cristina im Verlauf der erzählten Zeit (und mehr oder weniger auch im Verlauf der Erzählzeit) einander annähern und schließlich konvergieren. Somit werden beide einander zu Hauptfiguren. Doch ansonsten trifft die Beobachtung Trebers auch für diesen Film zu. So sieht man z.B. Mary beinahe als Statistin im Krankenhaus sitzen, als Cristina, die gerade die Nachricht vom Tod ihrer Familie erhalten hat, an ihr vorübergeht.

Das Ähnliche im Verschiedenen wurde im Kapitel C.IV. ausführlich diskutiert und ist zweifellos als Charakteristikum für die hier behandelten Filme zutreffend.

Die Gleichzeitigkeit ist ebenfalls in der Trilogie präsent. In AMORES PERROS wird dies vor allem im Moment des Unfalls deutlich, aber auch in einigen Einstellungen, in denen die Protagonisten zufällig aneinander vorbeilaufen. Das Motiv des Zufalls ist also auch hier von Bedeutung. In 21 GRAMS ist die Gleichzeitigkeit ebenfalls evident, da sich die Figuren während des Films häufig begegnen. In BABEL schließlich ist die Gleichzeitigkeit nicht ganz so offensichtlich, da sich die Figuren, wie dargelegt, nie begegnen. Trotzdem wird die Simultaneität suggeriert, indem beispielsweise Berichte des tragischen Unfalls von anderen Figuren im Fernsehen gesehen werden oder Personen miteinander telefonieren.

Das von Karsten Treber festgestellte Nebeneinander bleibt ein Nebeneinander in der „Trilogía de la incomunicación" [213], wie diese Bezeichnung bereits suggeriert. Es scheint unmöglich, dass sich dieses Nebeneinander in ein Miteinander verwandelt. Die Figuren begegnen sich zwar (außer in BABEL), kommunizieren z.T. miteinander, aber ein tatsächliches Miteinander wird eigentlich nur von Cristina und Paul, Richard und Susan sowie annähernd von Chieko und Yasujiro erreicht. Diese Verbindung verkommt jedoch im Fall von Cristina und Paul durch den Selbstmord Pauls zur kurzwährenden Utopie. Die Spannung zwischen Neben- und Miteinander als Charakteristikum episodisch erzählter Filme trifft demnach auf die Trilogie zu.

Das Konzept der Synchronizität trifft ebenfalls auf die ausgewählten Filme zu. Das „unteilbare Netzwerk" [214], in dem alles miteinander verbunden ist, konnte für jeden einzelnen der Filme bestätigt werden. Die dafür erforderliche Konvergenz verschiedener Figuren ist ebenfalls gegeben. Die sinnhafte Beziehung ergibt sich vor allem auf der extradiegetischen Ebene für den Zuschauer, da sich dieser als einziger des Sinnzusammenhangs bewusst wird. So wird für Valeria in AMORES PERROS nicht klar, warum sie in diesen Unfall entwickelt wurde und wie er zu Stande kam. Auch für El Chivo bleiben die Handlungsmotivationen und Zusammenhänge verborgen. Der sinnvolle Zusammenhang wird einzig allein für den Zuschauer sichtbar. Auch in 21 GRAMS schließen sich die einzelnen, zunächst voneinander unabhängigen Geschichten durch ihre wechselseitige Abhängigkeit zu einem sinnvollen Ganzen zusammen. BABEL schließlich spannt das Netz noch weiter auf und macht das „Geflecht, in dem jedes noch so unbedeutende Ereignis mit jedem anderen Ereignis ver-

---

[213] GONZÁLEZ IÑÁRRITU, A.: in: CERRATO, R.: *En la frontera con Iñárritu*, a.a.O., S. 22.

[214] COMBS, A./HOLLAND, Mark: *Die Magie des Zufalls*, a.a.O., S. 11, zit,. nach: TREBER, K.: *Auf Abwegen*, a.a.O., S. 43.

bunden ist"[215] besonders deutlich. Auch hier wird durch den Überblick, der allein dem Zuschauer vorbehalten ist, der Sinnzusammenhang der einzelnen Ereignisse ersichtlich.

Ein letzter Punkt, auf den ich eingehen möchte, ist das in Kapitel B.IV. vorgestellte Modell des Rhizoms. Auch wenn dieses Konzept mittlerweile etwas abgenutzt erscheint, vor allem im Zusammenhang mit dem Modell des Hypertextes[216], so ist es doch geeignet, um die Struktur der hier behandelten Filme anschaulich zu machen. Die Eigenschaft des Rhizoms kein Zentrum zu besitzen, von dem aus sich alles verzweigt, ist auch für die analysierten Filme ersichtlich. Wie wir gesehen haben, wird fast allen Geschichten die gleiche Bedeutung zugemessen und die wechselseitigen Abhängigkeiten und Einflussnahmen sind so stark, dass sich kein Ursprung oder Zentrum mehr ausmachen lässt. Dementsprechend ist auch das Netzwerk, in dem jeder Punkt mit jedem anderen Punkt verbunden ist[217] für die Filme festzustellen. Das Charakteristikum des Rhizoms, offen zu sein, viele Eingänge zu haben und beliebig fortführbar zu sein, lässt sich auch auf die Filme anwenden. Theoretisch könnte man die Filme beliebig erweitern und fortsetzten, indem man noch andere Geschichten, die in die Kettenreaktionen bzw. Zusammenstöße involviert sind, weiterverfolgt.

Es hat sich gezeigt, dass nicht alle in der Literatur erwähnten Charakteristika, obgleich sehr viele, auf die Filme Iñárritus zutreffen. Ich denke, dies hat vor allem damit zu tun, dass die Anzahl der Figuren relativ begrenzt ist und somit den einzelnen Geschichten viel Aufmerksamkeit gewidmet wird, weswegen diejenigen Charakteristika, die auf Filme mit einem beinahe unübersichtlichen Figurenarsenal zutreffen, für die Trilogie nicht gegeben sind. Die folgende Tabelle stellt die soeben beschriebenen Ergebnisse überblicksartig dar:

---

[215] Ebd.

[216] Vgl. VAN DER KLEI, Alice: „Repeating the Rhizom", in: *Substance # 97*, Vol. 31, no. 1, 2002, S. 48-55, S. 49: „The mapping of hypertext thought has become so active that it's increasingly a question of explaining by quoting someone who was quoting someone who in the end was quoting *The Rhizome* by Deleuze and Guattari."

[217] Vgl. DELEUZE, G./GUATTARI, F.: *Rhizom*, a.a.O., S. 11.

Eigenschaft	Amores Per-ros	21 Grams	Babel
Vielzahl von Erzählsträngen, keine Einheit der Handlung, Heterogenität und Polyphonie, Puzzle oder Mosaik	x	x	x
Klammern zum Zusammenhalt des Disparaten	x	x	x
Handlungsarmut			
Fehlende Kausalität			
Figurenhydra			
fehlende psychologische Tiefe auf Grund der Vielzahl der Protagonisten			
Wechsel von Haupt- zu Nebenfiguren und umgekehrt	x	(x)	x
Das Daneben, gewollte Entgleisungen			
Überlänge	x	x	x
Offenheit; Fehlende Auflösung von Konflikten	(x)	(x)	(x)
Ähnliches im Verschiedenen	x	x	x
räumliches Nebeneinander	x	x	
Spannung zwischen Miteinander und Nebeneinander	x	x	x
Gleichzeitigkeit	x	x	x
Zufall bzw. Konvergenz	x	x	x
Synchronizität	x	x	x

Realismusnähe			
Legende: x = zutreffend; (x) = eingeschränkt zutreffend			

Tab. 2: Gültigkeit der in der Literatur genannten Merkmale für die untersuchten Filme (eigene Darstellung)

VI. Klassische Elemente in der Trilogie

Wie Karsten Treber darlegt, erobert sich episodisches Erzählen im Film erst seit kurzem, er nennt das Jahr 2001, einen Weg ins Mainstreamkino.[218] Voraussetzung dafür scheint jedoch zu sein, dass die Filme trotz ihrer ungewöhnlichen Struktur immer auch ein Minimum an klassischen Elementen aufweisen. Dies bestätigt auch David Bordwell in seiner Auseinandersetzung mit neuen Narrationsmustern: „[M]ost storytelling innovations since the 1990s have kept one foot in classical tradition."[219] Oder anders ausgedrückt: „Unusual techniques need to be situated in an especially stable frame."[220] Margrit Tröhler gelangt ebenfalls zu dieser Feststellung, wenn sie schreibt, dass auch in Filmen mit pluralen Figurenkonstellationen stets „einzelne Aspekte der klassischen Handlungsdramaturgie"[221] zu finden seien.

---

[218] Vgl. TREBER, K.: *Auf Abwegen*, a.a.O., S. 334/ 335.
[219] BORDWELL, D.: *The Way Hollywood Tells It*, a.a.O., S. 73. Bordwell folgt in seinem Buch einer Linie, die auch Kristin Thompson in ihrer Abhandlung zum New Hollywood vertritt, und die von mehreren Seiten kritisiert wurde. Beide Autoren vertreten die Ansicht, dass die meisten Filme, auch wenn sie augenscheinlich stark innovativ und „anders" sind, sich in der Grundstruktur an die klassischen Darstellungsmuster, wie die des Classical Hollywood-Kinos halten. Der Hauptkritikpunkt hängt stark mit der Gewichtung zusammen. Wie auch hier argumentiert werden wird, scheint es immer notwendigerweise Elemente des Klassischen zu geben. Dass die beiden Autoren diese jedoch nutzen, um die Existenz der innovativen Faktoren in den Schatten zu stellen, war Anlass zu vielfältiger Kritik.
[220] Ebd., S. 78.
[221] TRÖHLER, M.: *Offene Welten ohne Helden*, a.a.O., S. 39.

In den drei untersuchten Filmen lassen sich verschiedene Konventionen des klassischen Erzählkinos finden. Zunächst ist eine weitgehende chronologisch-lineare Erzählweise – mit Ausnahme von 21 GRAMS – festzustellen. Wie oben dargelegt sind bei näherer Untersuchung nicht alle Zeitabläufe exakt in ein Zeitschema einzuordnen. Dies wird jedoch erst bei genauerer Analyse deutlich und vermittelt deshalb keinen Eindruck von unrealistischer Zeitgestaltung, wie es beispielsweise in Filmen mit temporaler Metalepse, z.b. SIWORAE (Hyun-seung Lee, 2000) der Fall ist.

Wie Bordwell feststellt, benutzt „[e]very syuzhet [...] retardation to postpone complete construction of the fabula."[222] Dies ist auch für episodische Filme der Fall, was sie an klassische Erzählweisen annähert. Denn auch hier wird dem Zuschauer erst am Ende der Gesamtzusammenhang, vor allem die verschiedenen Verbindungen der Episoden untereinander, deutlich. Dies kann man vergleichen mit der Auflösung am Ende eines klassisch erzählten Films, wie z.B. im Kriminalfilm, wo erst zum Schluss der Täter, seine Handlungsmotivationen sowie der Tathergang offengelegt werden. Selbst für den achronologisch erzählten 21 GRAMS trifft diese Beobachtung zu. So werden beispielsweise die Szenen relativ zu Beginn der Erzählzeit, in denen die drei Protagonisten blutverschmiert im Auto über den Highway rasen, erst zu Ende in den Handlungszusammenhang eingeordnet und für den Zuschauer verständlich und in ihrer Tragik nachvollziehbar. Eine weitere Beobachtung reiht sich in diesen Zusammenhang ein. Wie in Filmen mit klassischer Dramaturgie beginnen auch die hier untersuchten Filme allesamt mit Szenen, die der Exposition und der Einführung der Charaktere dienen. Selbst in AMORES PERROS, der ja die Geschichten prinzipiell nacheinander erzählt, sind in der ersten Episode um Octavio und Susana bereits einzelne kurze Ausschnitte aus den anderen beiden Episoden eingefügt, die allesamt der Charakterisierung der Figuren und der Etablierung der Situation dienen. Ebenso stehen am Ende der Filme eindeutige Schlussbilder, die zudem auf verschiedene Art und Weise ein positives Ende suggerieren. So ist es in AMORES PERROS das Zitat aus MODERN TIMES (s. Kapitel E.VI.), in 21 GRAMS die Tatsache, dass Cristina Jack vergeben kann, was durch den kurzen Blick zu ihm angedeutet wird sowie dadurch, dass sie das Schlafzimmer ihrer verstorbenen Kinder wieder betreten kann, und in BABEL die wunderschöne Schlusssequenz, die in der Umarmung zwischen Yasujiro und seiner Tochter Chieko mündet. Eine klassische Drei-Akt-Struktur für die Gesamtheit der Filme zu konstatieren, wäre jedoch eine erzwungene Interpretation und würde nicht

---

[222] BORDWELL, D.: Narration in the Fiction Film, a.a.O., S. 52.

der Realität und der Intention der Filme entsprechen. Diese klassische Handlungsführung ist höchstens innerhalb der einzelnen Geschichten zu verzeichnen, die eine chronologische Entwicklung mit einem Spannungsbogen aufweisen.

Ein weiterer Bereich, in dem die Filme nicht von den Standards abweichen, ist der der Figurengestaltung. Es gibt keine Brüche in den Figuren; sie werden entsprechend den Konventionen des Erzählkinos eingeführt, charakterisiert und psychologisiert. Damit werden sie für den Zuschauer zu Identifikationsfiguren, wie das vorherige Unterkapitel deutlich gemacht hat, wenn auch in all ihrer menschlichen Widersprüchlichkeit. Diese Widersprüchlichkeit ist jedoch in der Psychologie der Persönlichkeiten der Figuren anzusiedeln und nicht in der filmischen Vermittlung, was die Filme an klassisch erzählte Filme annähert.

Auch gibt es keine Vermischung von verschiedenen Realitäts- oder Bewusstseinsebenen, wie dies in vielen anderen filmischen Experimenten der Fall ist.

Des Weiteren ist der filmische Raum so gestaltet, dass es keine Brüche gibt und für den Zuschauer die Illusion eines realistischen Raumes geschaffen wird.

Die Gattung des Spielfilms wird ebenfalls an keiner Stelle verlassen, wie es z.B. durch dokumentarische Inszenierungsstrategien, der Verwendung von Animationen o.ä. vorstellbar wäre.

Es gibt einzig auf der narrativen Ebene eine Abweichung vom klassischen Erzählkino, was die oben angeführten Thesen der verschiedenen Autoren, dass es auch in experimentierfreudigen Filmen immer ein Mindestmaß an klassischen Elementen geben muss, bestätigt.

E. Warum episodisch? – Die Weltsicht in episodisch erzählten Filmen

Gegen Ende der Studie möchte ich nochmal auf die anfangs aufgeworfene Frage zurückkehren, weshalb das Episodische einen so markanten Aufschwung in den letzten circa zwanzig Jahren erfahren hat. Ausgehend von der These, dass dies nicht nur eine Modeerscheinung ist und das Episodische um seiner selbst Willen als narrative Methode eingesetzt wird, sondern vielmehr einer veränderten Welt und einem veränderten Bild von ihr Rechnung trägt, will ich mögliche Phänomene dieser „aktuellen" Welt mit in den hier analysierten Filmen Thematischem in Verbindung setzen und mögliche Parallelen aufzeigen. Es soll hier keine Beweisführung angetreten werden, die die verstärkte Erscheinung des Episodischen einzig und allein auf hier vorgestellte Paradigmen und Systeme zurückführt, sondern es sollen vielmehr weitere mögliche Zusammenhänge aufgezeigt werden.

I. Der mediatisierte Alltag

1. Die Struktur von Betriebssystemen

Zunächst möchte ich das Augenmerk auf ein System lenken, das unseren klassen-, generationen-, geschlechter-, berufs-, länderübergreifend, Alltag in so dominanter Weise prägt, dass es nur verwundern kann, dass bis jetzt noch nicht, zumindest nicht in der mir bekannten Literatur, auf die Ähnlichkeit mit der episodischen Erzählweise hingewiesen wurde.[223] Die Rede ist vom Betriebssystem des Computers, und absichtlich verwende ich hier das Wort Computer, da das Phänomen, um das es geht, unabhängig von den verschiedenen gängigen Betriebssystemen ist. Die Gemeinsamkeit, die ich herausstellen möchte, liegt in der spezifischen Struktur der gängigen Betriebssysteme. Ohne in informatische Tiefen vordringen zu können oder zu müssen, möchte ich den Blick vielmehr auf die Oberfläche lenken, nämlich auf die auf sogenannten

---

[223] Es fällt zwar immer wieder der Begriff des Hypertextes im Zusammenhang mit episodischem Erzählen, der jedoch hauptsächlich für Strukturen im Internet verwendet wird.

Fenstern[224] basierende Bedienungsstruktur. Jeder kennt es, und falls nicht, genügt ein Bick über die Schulter bei anderen PC-Usern, wie man ihn überall an öffentlichen Orten erhaschen kann, sei es im Flugzeug, am Bahnhof, im Zug o.ä. Überall begegnet man Menschen, die über ihren Laptop auch unterwegs mit der Welt vernetzt sind. Ein Blick auf die Taskleiste genügt: in den seltensten Fällen ist hier nur ein Fenster geöffnet. Während man noch schnell eine E-Mail schreibt, zwischendurch kurz zur Excel-Tabelle switcht, um einige Daten per *copy und paste* in die Mail zu kopieren, nebenbei das so eben neu hochgeladene Party-Foto vom letzten Wochenende bei einem der *social networks* anschaut, dazu einen Gästebucheintrag verfasst, daneben das Media-Player-Fenster aufruft, um die Musik anzupassen, die im Hintergrund läuft, dazwischen noch bei *Wikipedia* vorbeischaut, um sicherzugehen, dass man in der Mail an den Chef den Fachterminus auch wirklich richtig verwendet, gleichzeitig noch den Kalender aufruft, um, wenn man schon dem Chef schreibt, auch noch alle wichtigen Termine zu bestätigen, dann, ja dann, befinden wir uns mitten drin im digitalen Zeitalter und der Realität von Millionen von Menschen rund um den Erdball. Meine Behauptung, dass ein hoher Prozentsatz der User ein ständiges Wechseln zwischen mehreren Fenstern betreibt (ähnlich übrigens auch dem Zapping beim Fernsehen), stützt auch die Tatsache, dass Windows seinen Internet-Explorer mit der 6. Version an die Struktur von Mozilla Firefox angepasst hat, wodurch seitdem auch die Benutzer des Internet-Explorers-User beim Surfen nicht mehr zwischen einzelnen Fenstern hin- und herswitchen müssen, sondern das Fenster geöffnet und maximiert lassen können und nur noch zwischen einzelnen Tabs hin- und herwechseln müssen, was wesentlich schneller und bequemer ist. Gleichzeitig sind wir bei der kurzen Beschreibung auch wieder mittendrin im Universum des Episodischen. Denn wird dieses, wie in Kapitel B. zitiert, immer wieder mit dem Nebensächlichen, Danebenliegenden, Gleichzeitigen, Zwischendrin in Verbindung gebracht, so sind dies genau die Konjunktionen, die ich automatisch in meiner, zugegebenermaßen anekdotischen, Beschreibung eines ganz normalen Computernutzungsverhaltens verwendet habe.

Die Analogien sind verblüffend; so sehr, dass sie vielleicht ob ihrer Klarheit bis jetzt noch keine Erwähnung gefunden haben. Es wird nur schwer zu widerlegen sein, dass

---

[224] „Alle Aufgaben auf dem Computer werden innerhalb von Rahmen, den so genannten Fenstern, durchgeführt. Sie können so viele Fenster gleichzeitig öffnen, wie Sie möchten, und Sie können ihre Größe ändern, sie verschieben oder sie in beliebiger Reihenfolge anordnen." (Windows XP-Tour, :\WINDOWS\Help\Tours\htmlTour\start_fr.htm)

die Konstruktionsweise episodischer Filme beinahe exakt dem zeitlichen Ablauf einer Tätigkeit am Computer entspricht. Die Filme begleiten eine oder mehrere Personen bei einer Handlung, erzählen uns einen Teil ihrer Geschichte, springen dann, wie von einem Gedanken dazu aufgerüttelt, zu einem anderen Ort, einer anderen Geschichte, einer neuen Figur, wodurch wir wieder einige Informationen erhalten, doch die Spannung der anderen Geschichte war zu groß, zurück also um sie kurz danach wieder zu verlassen, um ein drittes „Fenster" zu öffnen, das alles begleitet von einem Soundtrack. Die verschiedenen Spielarten des Episodischen, die uns bei der Analyse der Filme Iñárritus begegnet sind, könnte man mit verschiedenen Computersituationen vergleichen.

Ein weiteres Medium, das einen plötzlichen Wechsel von einem Gedankengang zu einem anderen forciert, ist das Handy bzw. die vielen mittlerweile zu richtigen Mini-Computern ausgereiften Mobiltelefone, mit denen eine ununterbrochene Verbindung und Erreichbarkeit möglich ist. Egal in welcher Situation, egal mit welchem Gedanken man gerade beschäftigt ist, kann einen das Handy unerwartet und unvermittelt sprichwörtlich aus den Gedanken reißen und mit einer völlig anderen Situation, die durch den Gesprächspartner entworfen wird, konfrontieren. Auch hier sind Parallelen zu dem plötzlichen Wechsel zu einem anderen Handlungsstrang beim episodischen Erzählen zu erkennen.

Wie bereits zu Beginn dieses Kapitels vermerkt stellen die hier assoziativ miteinander in Verbindung gebrachten Gedankenstränge keine unumstößlichen Wahrheiten dar und noch weniger sind diese wissenschaftlich belegbar, da dafür auch das Nutzungsverhalten von PC- und Handynutzern der letzten zehn Jahre (die Entstehungszeit der hier relevanten Filme) noch unzulänglich erforscht ist, um die hier eingebrachten Ideen zu untermauern. Vielmehr beruhen die Assoziationsmuster auf eigenen Erfahrungen sowie der Beobachtung anderer Menschen am PC aus verschiedensten Ländern. Sowenig solche Assoziationen im Detail nachprüfbar sind, so wenig, so meine ich, sind sie zu ignorieren, denn die strukturellen Ähnlichkeiten sind wohl kaum zu leugnen. Es ist mir im Rahmen dieser Untersuchung wichtig, verschiedene Parallelen zwischen der Wahrnehmung der Welt, in der wir im Jahre 2010 leben, und dem vermehrten Auftreten des Episodischen im Kino aufzuzeigen, weshalb ich diesen Aspekt nicht unterschlagen wollte.

2. Die *Soap Opera*

Eine weitere Ähnlichkeitsbeziehung besteht zwischen episodisch erzählten Filmen und *Soap Operas*, die daher als weiterer Einflussfaktor für das verstärkte Erscheinen von jenen gesehen werden können. „[T]he network narratives are descendents not only of classics such as Rules of the Games (1939) but also television dramas."[225] Dafür spricht ebenfalls, dass *Soap Operas* in enorm großer Zahl im täglichen Fernsehprogramm vertreten sind. Gerade auch in Lateinamerika und dort besonders stark in Mexiko, der Heimat Iñárritus, werden in großer Zahl erfolgreiche Telenovelas produziert. Paul Julian Smith beschreibt diese in seinem Band zu AMORES PERROS sogar als „Mexiko's most distinctive form of popular narrative"[226]. Telenovelas weisen zwar im Unterschied zu der *Soap Opera* eine (meist weibliche) Protagonistin auf, jedoch behandelt auch die Telenovela, ähnlich wie die *Soap Opera*, mehrere Erzählstränge mit jeweils unterschiedlichen Protagonisten. Auch Knut Hickethier stellt in seinem Band zur Serie eine Verbindung zwischen der Form der Serie und dem Episodischen her: „Zumeist werden [in der *Daily Soap*] mehrere Handlungsstränge miteinander verflochten, so dass ein sehr kleinteiliges, episodenartiges Erzählen entsteht."[227] Karsten Treber bestätigt diese These ebenfalls, wenn er schreibt: „Mit ihrer ,Hydra' von Figuren, der, wenn man ihr einen Kopf abschlägt, immer wieder neue *talking heads* nachwachsen, um die Erzählung grenzenlos am Laufen zu halten, stellt die Soap Opera die Schnittstelle zwischen seriellem und episodischem Erzählen dar."[228]

Ich möchte hier nicht dafür halten, dass episodische Filme und insbesondere die Trilogie Iñárritus als Fernsehserie verstanden werden. Dazu weicht die Trilogie zu sehr von dem Konzept der klassischen *Soap Opera* ab. Vielmehr möchte ich auf die prinzipielle Ähnlichkeit der dramaturgischen Form der Serien und denen episodisch erzählter Filme hinweisen, dabei jedoch die Serie eher als Art Vorbild oder Wegbereiter sehen, die unsere Wahrnehmung und vielleicht auch unser Weltbild mitgeprägt hat, und so den Weg frei gemacht hat für die Form des episodischen Erzählens im

---

[225] NEWMAN, Michael Z.: "Character and Complexity in American Independent Cinema: 21 Grams and Passion Fish", in: *Film Criticism*, Fall/Winter 2006, Vol. XXI, Nr. 1-2. 30th Anniversary: Special Double Issue – Complex Narratives, S. 89-106, S. 89.

[226] SMITH, Paul Julian: *Amores Perros*, London: BFI Publishing 2003, S. 6.

[227] HICKETHIER, Knut: *Film- und Fernsehanalyse*, Stuttgart: Metzler 2001³, S. 199.

[228] TREBER, K.: *Auf Abwegen*, a.a.O., S. 25.

Mainstream. Serien gibt es zwar bereits seit dem Beginn des Kinos, aber die Serien des frühen (Stummfilm)-Kinos waren eher auf eine Figur zentriert. So zum Beispiel in den Filmen von Max Linder, in Detektivserien, den Serien WHAT HAPPENED TO MARY, THE ADVENTURES OF KATHLYN, SERIAL QUEENS[229], JUDEX, THE ADVENTURES OF LIEUTNANT ROSE, in den Joe May-Serien usw. „Die Grundregeln des Serials (Held und Heldin kämpfen mit Schurken um den Besitz des Weenies)"[230] sind damit nicht auf die heutigen *Soap Operas* übertragbar.

Die Tatsache, dass das heutige Fernsehprogramm in nahezu allen Ländern der Welt mit Serien geradezu überflutet sind, weist auf deren Popularität hin. Sie sind Bestandteil der kulturellen Wirklichkeit der heutigen Gesellschaft. Somit scheint es gerechtfertigt, von der Serie als einem Einflussfaktor in der Entstehung der neuen episodischen Filme zu sprechen.

II. Kontingenz statt Providenz

Die Erfahrung von Kontingenz scheint einer der Gründe dafür zu sein, eine episodische Erzählweise zu benutzen. Bereits Dos Passos' MANHATTAN TRANSFER entstand zu einer Zeit, in der die Menschen von dem Eindruck der gerade entstehenden Großstädte und der durch sie entstandenen Massen überwältigt sein mussten. Auch der Weltkrieg, der ebenfalls im Roman zur Sprache kommt, kann als eine Kontingenzerfahrung eingestuft werden. Das den Menschen Überwältigende, ihn in die Orientierungslosigkeit Führende kann somit als **eine** von vielen Einflussquellen für das verstärkte Auftreten episodischen Erzählens in Film und Literatur angenommen werden:

> Zeigen lässt sich [...], wie unter bestimmten zivilisatorischen Voraussetzungen ähnliche geistige Prozesse freigesetzt werden; zeigen läßt sich, wie die Bedingungen der Umwelt, etwa die Erfahrung der Großstadt [...], der das Bewußtsein der Komplexität der technischen Welt eine (jeweils »neue«) Sensibilität haben schaffen können, die in der literarischen Simultantechnik ihre emphatische oder affektiv negierende Entsprechung findet,

[229] SINGER, Ben: „Die Serials", in: NOWELL-SMITH, Geoffrey (Hrsg.): *Geschichte des internationalen Films*, Stuttgart/Weimar: Metzler, 2006, S. 98-104, S. 100.
[230] Ebd., S. 103.

welche allerdings nicht als bloßer Reflex der – ohnehin divergenten – gesellschaftlichen Situationen begriffen werden kann."[231]

Auch heute noch kann die Metropole als für den Einzelnen unüberschaubar empfunden werden, wie das folgende Zitat von Iñárritu selbst verdeutlicht: „Estuve dos meses buscando localizaciones casi ocho horas diarias. Y aun así no conocí ni el veinte por ciento de mi ciudad [Mexico City]. Es un monstruo que te asusta. Lo que muestro en la película es Walt Disney, la realidad es mucho más dura."[232] Doch vor allem scheint es die in Kapitel E.IV. angesprochene Erfahrung der Globalisierung und des damit zusammenhängenden Verbundenseins mit allem und jedem zu sein, die zu einer Kontingenzerfahrung beiträgt. Dass alles möglich ist, und wir die Kontrolle über die von uns selbst in Gang gesetzten Prozesse verloren haben, hat uns die Wirtschaftskrise gerade wieder schmerzlich vor Augen geführt. Florian Mundhenke resümiert sehr ausführlich und genau die „gesellschaftlichen Umgestaltungen, [...] die in Definitionen wie Pluralismus, ‚neue Unübersichtlichkeit' oder Spätkapitalismus thematisiert worden sind."[233]:

Der Mensch, so der Tenor zahlreicher sozialanalytischer Auffassungen, stehe nach dem vermehrt sinkenden Einfluss staatlicher, ideologischer und werteorientierter Institutionen vor einer neuen Situation, die Chancen wie Gefahren berge, die ihn aber in jedem Fall auf sich selbst zurückwerfe und Formen von Individualisierung und Isolierung des Einzelnen begünstige. Für die Begegnung und Interaktion des Subjekts mit anderen Individuen bedeute dies eine weniger starke Reglementierung der Beziehungen, die vorher durch Staat und Volksgemeinschaft auf der obersten Ebene, berufliche Situation und Milieu auf der mittleren Ebene und durch Familie und individuellen Lebensbereich auf der untersten Ebene disponiert und bestimmt wurden. [...] [I]n jedem Fall ist der Mensch mit einer neuen Beliebigkeit und Willkürlichkeit seines Lebensweges konfrontiert, da die Verschaltungen und Stationen des Werdegangs – familiär, beruflich wie per Selbstdefinition – längst nicht mehr so klar feststehen wie noch in der frühen Moderne. [...] [A]lle Begegnungen mit anderen Menschen [...] sind zunehmend kontingent und offen.[234]

---

[231] GRUBAČIĆ, S.: „Simultane Welt", a.a.O., S. 486.

[232] GONZÁLEZ IÑÁRRITU, Alejandro, in: CERRATO, R.: *En la frontera con Iñárritu*, a.a.O., S. 16. Ich habe zwei Monate lang täglich fast acht Stunden lang Drehorte gesucht. Und selbst so habe ich nicht einmal zwanzig Prozent meiner Stadt [Mexico City] kennengelernt. Sie ist ein Monster, das dich erschreckt. Das, was ich im Film zeige, ist Walt Disney, die Realität ist viel härter. (Eigene Übersetzung).

[233] MUNDHENKE, F.: *Zufall und Schicksal*, a.a.O., S. 343.

[234] Ebd.

Zu diesen Veränderungen der Lebenswege der Menschen kommt auch noch ein weiterer Faktor, der die Funktion der Gesellschaft betrifft, welche bislang gewissermaßen als Auffangnetz und sinnstiftende Institution fungiert hat.

Gesellschaft wird von [dem englischen Soziologen Zygmunt] Bauman als ‚Vorspiegelung einer Ordnung' entlarvt, die versucht [...] ‚die beharrliche Kontingenz‘[235] einzudämmen. Gesellschaft sei mithin primär Entlastung des Einzelnen, Sinnstiftung und Existenzgrundlage menschlicher Handlungspraxis: ‚Das Chaos wird auf einen Namen getauft, der seine Grundlosigkeit leugnet, und das Sein wird von der Notwendigkeit befreit, für sich selbst geradezustehen, für seinen Zweck und für seinen Sinn.‘[236] Gesellschaft besorge ein beständiges Einspannen des kontingenten Daseins in ein sinnhaftes, Bedeutung hervorbringendes und behauptendes System; [...]. Doch mit Anbruch des Zeitalters, welches als Post- und Nachmoderne bezeichnet wird, sind ‚Chaos und Kontingenz, die über die Grenzen der gesellschaftlichen Inseln rationaler Ordnung hinausgetrieben werden sollten [...] mit Macht zurückgekehrt' und ‚herrschen im Innern dessen, was als das sichere Haus der Vernunft gedacht und erhofft war'.[237]

Die angeführten Zitate bestätigen, dass wir auch heute in einer Zeit leben, in der die Erfahrung von Kontingenz verstärkt auftritt. Deshalb könnte man diese als einen Einflussfaktor für das verstärkte Auftreten episodischer Filme nennen. In den Filmen spiegelt sich diese Erfahrung von Kontingenz auf der Ebene der Diegese wider. Durch einen Möglichkeitsspielraum, wie Mundhenke Kontingenz definiert[238], werden Koinzidenzen, d.h. das Aufeinandertreffen zweier Handlungsstränge, möglich. Der Zufall erhält eine verstärkte Bedeutung, es geschieht nicht mehr das Notwendige, sondern das Mögliche:

In den zu behandelnden Filmen [u.a. Amores Perros] treffen immer wieder Personen unterschiedlicher sozialer Felder innerhalb der neuen Unbestimmbarkeit ihrer Alltagswelt aufeinander [...]. Die immer stärkere Distinktion der sozialen Sphären und ihre zunehmende Entfernung voneinander weist dem Zufall eine Rolle als einzige noch verbleibende Möglichkeit der Konfrontation unterschiedlicher Gesellschaftsbereiche zu.[239]

[235] BAUMANN, Zygmunt: *Flaneure, Spieler und Touristen. Essays zu postmodernen Lebensformen,* Hamburg 1997, S. 29; zit. nach: MUNDHENKE, F.: *Zufall und Schicksal,* a.a.O., S. 348.

[236] Ebd., S. 30/S. 348.

[237] Ebd., S. 45/S. 348.

[238] Vgl. ebd., S. 19.

[239] Ebd., S. 351.

> Der Zufall [...] tritt in entfesselter Unbestimmtheit als Schnittstelle sozialer Interaktion im transzendenzbefreiten, kontingenten Lebensraum auf.[240]

Filmisch umgesetzt wird diese Kontingenzerfahrung auch durch die tendenziell offene Form, die eine eindeutige Sinnzuschreibung und ein klassisches Happy End verweigert. Die paradigmatisch nebeneinander stehenden Episoden und Erzählstränge, die zur Dezentrierung führen, also kein sinngebendes Zentrum mehr zu erkennen geben, lassen sich nicht mehr in ein providenzielles Syntagma eingliedern, sondern verbleiben als offene, undurchdringbare Versatzstücke stehen. Die episodische Struktur spiegelt die lebensweltliche Erfahrung einer miteinander vernetzten, dezentrierten und kontingenten Welt wider.

III. Das Episodische im Kontext der aktuellen Kinolandschaft

Als einen weiteren der möglichen Einflüsse auf das vermehrte Auftreten episodischen Erzählens in den letzten 20 Jahren möchte ich auf einen inhärent filmischen zu sprechen kommen. „Der Durchbruch ungewöhnlicher Erzählformen im kommerziellen Kino, der spätestens seit Pulp Fiction (USA 1994) erfolgte, war kein vorübergehendes Phänomen."[241] Das episodische Erzählen befindet sich somit in bester Gesellschaft. Die hier untersuchte Erzählform ist nur eine unter vielen, die mit den klassischen filmischen Konventionen auf unterschiedlichen Ebenen brechen. So finden sich im aktuellen Kino vermehrt Filme, die die lineare Zeitachse aufbrechen, mit der Zeit spielen und neue Möglichkeiten im Umgang mit derselben aufzeigen. Hier wären einerseits Filmbeispiele zu nennen, die (teilweise) rückwärts erzählen, wie MEMENTO (Christopher Nolan, 2000) oder 5x2 (François Ozon, 2004) oder aber Filme, die scheinbar willkürlich von einem Punkt der Zeitachse zum anderen springen, ohne dass es sich dabei um Flashbacks oder Flashforwards handelt. Paradigmatisch für diese Struktur sind die meisten Filme Quentin Tarantinos, wie z.B. PULP FICTION (1994) oder KILL BILL VOL.1 & 2 (2003/2004). Andererseits gibt es auch Filme, die, wie vor über 400 Jahren Cervantes als erster, eine Metalepse, d.h. eine logikwidrige Vermischung verschiedener Zeit- oder Erzählebenen inszenieren. Exemplarisch wäre

---

[240] Ebd., S. 344.

[241] EDER, Jens: *Dramaturgie des populären Films*, Hamburg: Lit. 2007[3], S. 1.

hier SIWORAE (Hyun-seung Lee, 2000) zu nennen. Die Metalepse muss sich jedoch nicht auf Zeitstrukturen beziehen, sondern kann durch das Spiel mit Fiktion und Realität und der allmählichen Ununterscheidbarkeit zwischen beiden zu Stande kommen. SWIMMINGPOOL (François Ozon, 2003), LUCÍA Y EL SEXO (Julio Medem, 2001) oder THE FALL (Tarsem Singh, 2006) inszenieren eine solche Form.[242] Eine weitere Art filmischer Erzählexperimente stellen die Variantenfilme vor. Durch Wiederholung einer Geschichte in verschiedenen Durchläufen werden entweder unterschiedliche Sichtweisen auf das Geschehen inszeniert, wie z.b. in À LA FOLIE...PAS DU TOUT (Laetitia Colombani, 2002) oder mögliche Varianten eines Ablaufes durchgespielt, wie in LOLA RENNT (Tom Tykwer, 1998) oder SLIDING DOORS. Eine andere Möglichkeit mit der Erzählung zu experimentieren, stellt das unzuverlässige Erzählen dar. Der Film scheint hierfür das prädestinierte Medium zu sein, da wir dazu tendieren, als wahr zu empfinden, was wir sehen, wie schon der Volksmund weiß.[243] Genau mit dieser Gutgläubigkeit spielen Filme wie FIGHT CLUB (David Fincher, 1999), A BEAUTIFUL MIND (Ron Howard, 1999) oder THE USUAL SUSPECTS (Bryan Singer, 1995). Teilweise überschneiden sich diese Filme mit einer Kategorie, die Charles Ramírez Berg nennt: Filme, die aus der Innensicht einer Figur erzählt werden. Neben A BEAUTIFUL MIND wären hier vor allem die Filme des Drehbuchregisseurs Charlie Kaufmann zu nennen, der seine Erzählungen immer wieder aus der Subjektiven eines seiner Protagonisten erzählt.[244]

Wenngleich dies nur eine unvollständige Darstellung aktueller Experimentierfreudigkeit ist, und die Filme ebenso anders klassifiziert werden könnten[245], so zeigt er doch, dass sich eine bestimmte Tendenz im Kino abzuzeichnen scheint. Gründe dafür, dass sich diese neuen Formen von Erzählung auch im Mainstream-Kino etablieren konnten, sieht Jens Eder vor allem auf Seite der Rezipienten:

---

[242] Es soll an dieser Stelle nicht unerwähnt bleiben, dass das Spiel mit verschiedenen Realitätsebenen keineswegs erst in den letzten Jahren verstärkte Bedeutung im Kino erlangt hat. Im Autorenkino der 1960er Jahre war dies ein häufig vorkommendes Phänomen, das in den Œuvres von namhaften Regisseuren wie vor allem Alain Resnais oder Ingmar Bergmann immer wieder verhandelt worden ist.

[243] Die Redewendung „seinen Augen nicht trauen" oder „etwas mit eigenen Augen gesehen haben", verdeutlicht das Vetrauen in das, was wir über unseren Sehsinn wahrnehmen.

[244] Vgl. RAMÍREZ BERG, C.: „A Taxonomy of Alternative Plots", a.a.O., S. 44/45.

[245] Vgl. hierzu beispielsweise die Einteilung von Ramírez Berg, die zwar teilweise mit der hier vorgeschlagenen übereinstimmt, jedoch auch geringe Abweichungen aufweist.

Die ungewöhnlichen Erzählstrategien neuerer Kinofilme sind deshalb möglich, weil viele Zuschauer die konventionellen Erzählformen mittlerweile in- und auswendig kennen und von ihnen zusehends gelangweilt werden. Im Kino wird oft etwas anderes, etwas Neues erwartet, die Bereitschaft, aufmerksam zuzusehen, ist hier größer.[246]

Diese Auffassung teilt auch Iñárritu selbst, wie sich am folgenden Zitat ablesen lässt:

El público está harto de ver cine obvio, cine predecible. Creo que hoy el espectador está mucho más ávido de sentir antes que de entender, porque el entendimiento viene después de la emoción...Creo que el público agradece que se le trate con respeto e inteligencia. Más que confusión, esta estructura fomenta la intriga, la necesidad o urgencia de saber lo que sucede. Ése es el verdadero entretenimiento.[247]

Dieses Fühlen vor dem Verstehen ist eine Tendenz, die auch Roger Ebert für episodische Filme, hier für SLACKER von Richard Linklater (1991), konstatiert: „We don't get a story, but we do get a feeling."[248] Auch Margrit Tröhler sieht dies ähnlich, wenn sie schreibt, dass in Filmen mit pluralen Figurenkonstellationen die Situation wichtiger ist als die Aktion.[249]

Charles Ramírez Berg weitet den beobachteten Bedarf nach Neuem auf die Produktionsebene aus: „In the U.S., the rise of independent film and the need for product differentiation are surely important factors."[250] Diese Feststellung ist sicher gerechtfertigt, denn schließlich ist das Kino eine Industrie, in der es wie in jedem Geschäft in erster Linie um Geld geht.

---

[246] EDER, J.: *Dramaturgie des populären Films*, a.a.O., S. 3.

[247] GONZÁLEZ IÑÁRRITU, A., in: Garrido, I.: „21 gramos", in: *Cinemanía*, n°101, Februar 2004, S. 82-83; zit. nach: CERRATO, R.: *En la frontera con Iñárritu*, a.a.O., S. 92.
Das Publikum ist es leid, eindeutiges, voraussagbares Kino zu sehen. Ich glaube, dass der Zuschauer heute viel begieriger ist zu fühlen als zu verstehen, da das Verstehen nach dem Gefühl kommt...Ich glaube, dass das Publikum dankbar dafür ist, dass es mit Respekt und Intelligenz behandelt wird. Mehr als Verwirrung, fördert diese Struktur die Spannung, das Bedürfnis oder das dringende Verlangen zu wissen was geschieht. Das ist die wahre Unterhaltung. (Eigene Übersetzung).

[248] EBERT, Roger: *Slacker*, 23.08.1991, konsultiert auf: http://rogerebert.suntimes.com/apps/pbcs. dll/article?AID=/19910823/REVIEWS/108230303/1023.

[249] Vgl. TRÖHLER, M.: *Offene Welten ohne Helden*, a.a.O., S. 60.

[250] RAMÍREZ BERG, C.: „A Taxonomy of Alternative Plots", a.a.O., S. 6.

Georg Seeßlen sieht die Tendenz zum Spiel mit der narrativen Form sogar als Voraussetzung für das Fortbestehen der Narration selbst: „Dass wir uns die im Grunde immer gleichen Geschichten erzählen, ist so lange kein allzu großes Problem, als die Art, wie diese Geschichten erzählt werden, sich weiter zu entwickeln vermag, und so lange, als die Verfassung einer Gesellschaft der Produktion ihrer Erzählungen entspricht."[251] Auch Jens Thiele betont die Bedeutung der Rezipienten und führt dabei auch aus, welche weiteren Faktoren zu dieser veränderten Erwartungshaltung geführt haben könnten:

> Die ‚großen Erzählungen' existieren zwar noch im Kino, doch postmoderne Perspektiven und multimediale Strukturen haben die Art und Weise des Erzählens, auch im Film, nachhaltig beeinflusst. Linearität, Chronologie und Kontinuität der zeitlichen Strukturen scheinen als hinreichendes Erzählprinzip nicht länger tragfähig; ein verändertes Zeitempfinden, aber auch ein Interesse an neuen Bildformen sucht eher die Brüche, Sprünge und Tempiwechsel. Um zum Kern einer Erzählung vorzudringen, werden offenbar keine kontinuierlichen, aufeinander aufbauenden dramaturgischen Bilder mehr eingeklagt, sondern wechselnde Perspektiven, fragmentarische Erzählstrukturen und diskontinuierliche Handlungsverläufe gesucht. Weniger in der dramaturgisch kunstvoll herausgearbeiteten Form als vielmehr in den Brüchen und Zwischenräumen des Erzählmaterials liegen die Erkenntnisse und Wahrheiten."[252]

David Bordwell erkennt neben den hier genannten noch einen weiteren Faktor, der ebenfalls mit der Rezeption zu tun hat, jedoch eher mit den veränderten medialen Möglichkeiten derselben:

> In harmony with their audience, the rising generation of directors grasped the narrative possibilities afforded by the home-video revolution. Thanks to videocassettes, fans could study clever plotting at length, and a director could drop in details apparent only in repeat viewings and freeze-framing.[253]

---

[251] SEEßLEN, Georg: „Zeitsprünge und Zeitmosaik im neueren Kino. Eine Analyse innerer Zeitstrukturen und Zeitbilder am Beispiel David Lynch", in: RÜFFERT, Christine u.a. (Hrsg.): Zeitsprünge. Wie Filme Geschichten erzählen, Berlin 2004, S. 99-114, S. 100.

[252] THIELE, J.: Verwirrende Erzählungen, a.a.O., S. 97.

[253] BORDWELL, D.: The Way Hollywood Tells It, a.a.O., S. 74.

Diese Meinung teilt auch Ramírez Berg, der schreibt: „Filmmakers are gearing their narration to multiple viewings."[254] In seinem Artikel führt er auch aus, dass die Filmemacher von FIGHT CLUB auf die Frage hin, warum sie die beim ersten Sehen für das menschliche Auge unsichtbaren Subliminalbilder eingefügt hätten, geantwortet hätten: „We were doing it for the DVD crowd."[255]

Es zeigt sich, dass das episodische Erzählen in einen weiteren Kontext eingebettet werden muss. Eine veränderte Sicht des (Mainstream-)Zuschauers, ausgelöst durch verschiedene Faktoren, wie beispielsweise eine Übersättigung an klassisch erzählten Geschichten oder eine veränderte mediale Umgebung, trägt zur Akzeptanz solcher Filme und damit auch zu ihrer verstärkten Produktion bei.

IV.   Schmetterlingseffekt und Globalisierung

Der Begriff des Schmetterlingseffekts entstammt der Chaosforschung, einer Disziplin, die ursprünglich hauptsächlich Mathematiker und Physiker beschäftigte und in den 80er Jahren äußerst populär geworden ist. Diese Popularität hatte unter anderem zur Folge, dass die wissenschaftlichen Erkenntnisse in den Hintergrund traten und hauptsächlich leicht verständliche Schlagworte im kollektiven Gedächtnis erhalten blieben. Dies geschah auch mit dem Schmetterlingseffekt. Da uns hier die Umsetzung dieser Theorie in unseren Filmen beschäftigen soll und keine mathematischen Theorien, werde ich nur sehr kurz die wissenschaftlichen Grundlagen resümieren, da nicht davon auszugehen ist, dass die Filmemacher episodisch erzählter Filme an exakten naturwissenschaftlichen Theorien interessiert sind oder sie gar kennen. Es ist eher wahrscheinlich, dass sie bemüht sind eine Idee, die in aller Munde ist, in ihre Filme zu integrieren. Dies ist vor allem deshalb anzunehmen, da sie wohl auch aus dem Grund so bekannt ist, da sie eine bestimmte Wahrnehmung der Welt auf den Punkt zu bringen scheint, in diesem Fall die einer globalisierten Welt.

Doch was ist der Schmetterlingseffekt? Der Begriff geht auf den Meteorologen Edward N. Lorenz zurück. Dieser hatte in einem Experiment festgestellt, dass minimale

---

[254] RAMÍREZ BERG, C.: „A Taxonomy of Alternative Plots", a.a.O., S. 57.
[255] Fight Club DVD Commentary, zit. nach RAMÍREZ BERG, C.: „A Taxonomy of Alternative Plots", a.a.O., S. 57.

Abweichungen in den Anfangsbedingungen komplexer Systeme, die deterministisch chaotisches Verhalten zeigen, gravierende Auswirkungen auf das Endergebnis haben. Zu dieser Erkenntnis gelangte er, da er eine Berechnung am Computer zweimal durchführte. Einmal mit den exakten Werten und einmal mit einem gerundeten Zwischenergebnis. Das Resultat war verblüffend: er erhielt völlig unterschiedliche Werte. Dadurch wurde der Satz „Kann der Flügelschlag eines Schmetterlings in Brasilien einen Tornado in Texas auslösen?", mit dem Lorenz einen Vortrag betitelte und den er als Metapher für die Anfangswertsensibilität verwendete, bekannt. Der Satz hat sich jedoch, vermutlich wegen seiner Anschaulichkeit, aus seinem ursprünglichen Kontext gelöst und als populärwissenschaftlicher Begriff verselbständigt. Er wird nun eher wörtlich aufgefasst und so verstanden, dass ein Ereignis an einem Ort der Welt ein anderes, weit entferntes auslösen kann.

Dies ist am anschaulichsten an Iñárritus drittem Film BABEL zu beobachten. Durch das Gewehr, das von Japan nach Marokko wandert und durch seinen Schuss das Schicksal von elf Personen auf drei Kontinenten miteinander verbindet, wird eine Verbindungslinie über die ganze Welt hinweg geschaffen, die den Schmetterlingseffekt in seiner populären Auffassung veranschaulicht. Doch auch auf die anderen beiden Filme könnte man diesen Effekt anwenden. Auch wenn hier der Blick auf jeweils eine Stadt (Mexico City in AMORES PERROS und Memphis in 21 GRAMS) beschränkt bleibt und damit das globale Moment verloren geht, könnte man den Effekt auf diastratischer Ebene nachweisen. In einer globalisierten Welt scheinen die unmittelbaren Nachbarn einer anderen sozialen Schicht manchmal ungleich weiter entfernt zu sein als Menschen auf der anderen Seite des Erdballs. Deshalb könnte man argumentieren, dass der Schmetterlingseffekt, so wie er aus seiner nichtwissenschaftlichen Sicht verstanden wird, nicht unbedingt nur in seiner geographischen Dimension, sondern eben auch diastratisch betrachtet werden könnte. Somit wäre er dann auch für AMORES PERROS und 21 GRAMS zutreffend. In beiden Fällen haben Ereignisse, die sich in einer bestimmten sozialen Schicht ereignen, auf andere Auswirkungen. Somit trifft die folgende Betrachtung von Treber auch auf die Film-Trilogie von Iñárritu zu:

Der stabile Platz im Mittelpunkt der eigenen Umwelt als Machtposition und Schaltstelle erscheint für das Individuum eine willkommene und bequeme Selbsttäuschung zu sein, die die relative und kollektive Erfahrung eines offen vernetzten und damit unsicheren Mittendrins weitgehend auszublenden vermag, um dem dringenden Bedürfnis nach der eigenen

Handlungsfähigkeit zu genügen, droht dabei allerdings auch umso mehr, das eigentliche Leben zu ‚objektivieren' und auszusperren.[256]

In der klassischen Erzählung sind alle Ereignisse allein auf den Protagonisten ausgerichtet. Die Einflussnahme auf diesen ist auf den Antagonisten beschränkt. Da dieser meist relativ zu Beginn des Films eingeführt wird, ist er damit für den Zuschauer als Einflussquelle für den Protagonisten etabliert und wird damit nicht als zufällig empfunden. Durch diese Fixierung auf den Protagonisten und seinen Gegenspieler wird die Tatsache ausgeblendet, dass Taten und Geschehnisse weitreichendere Einflüsse auf und durch einen selbst, beispielsweise nach dem Modell der Kettenreaktion, haben können. In episodisch erzählten Filmen wird aber genau diesen Wechselwirkungen und gegenseitigen Einflussnahmen nachgegangen und damit einer komplexen und wechselseitig abhängigen Welt Rechnung getragen. Dass gerade in einer globalisierten Welt diese Abschottung einer Person von ihrer Umwelt nicht mehr realistisch erscheint, sieht man gerade wieder sehr gut am aktuellen Beispiel der Wirtschaftskrise. Die Tatsache, dass die gesamte Welt von der in den USA ausgelösten Krise betroffen ist, macht deutlich, dass eine Begrenzung auf nur eine Figur, die komplexe Wechselwirkungen mit sehr vielen weiteren Figuren zu Gunsten narrativer Klarheit ausklammert, nicht mehr der globalisierten Welt, in der wir leben, zu entsprechen scheint. „Filme wie Amores Perros […] erzählen auf drastische Weise, dass es kaum möglich ist, sich vollkommen gegenüber dem abzuschotten, was ringsherum passiert. Die verschiedenen Formen der Gewalt sind, ebenso wie die Armut, ein Problem der ganzen Gesellschaft."[257] Genau wie die Globalisierung selbst ist auch bei episodisch erzählten Filmen meist kein handlungsbestimmendes Zentrum auszumachen, was der rhizomatischen Struktur entspricht. Florian Mundhenke bringt das hier Dargestellte auf den Punkt:

Es geht eben hier auch darum, die lebensweltliche Komplexität noch einmal anzudeuten: Dass hinter jeder marginalen Begegnung im Alltag noch eine weitere, eigenständige Geschichte liegt und sich die Wirklichkeit nicht – wie in klassischen Erzählungen – aus einer im Mittelpunkt fokussierten Geschichte speist, sondern dass sie wie ein rhizomatisches,

---

[256] TREBER, K.: Auf Abwegen, a.a.O., S. 336.

[257] BREMME, Bettina: Movie-mientos II: Der lateinamerikanische Film in Zeiten globaler Umbrüche, Stuttgart: Schmetterling-Verlag 2009, S. 76.

nicht-zentralisierbares Geflecht von Faktoren mit jeweils eigener Realität beschaffen ist, die alle eigene Erzählungen, Probleme, Wirklichkeiten in sich tragen.[258]

Im Zusammenhang mit der vernetzten Welt, in der wir leben und die episodische Filme widerzuspiegeln scheinen, ist noch ein weiterer Punkt von Interesse, der ebenfalls in den betreffenden Filmen reflektiert wird. Obwohl die Menschheit über den gesamten Globus hinweg durch moderne Kommunikationsmittel miteinander verbunden ist, bleibt der eigentliche Zweck derselben dabei meist auf der Strecke. Die gescheiterte zwischenmenschliche Kommunikation ist ein Thema vieler episodischer Filme. Natürlich kommt diese Thematik auch in anderen Filmen zur Sprache, die episodische Form scheint für die Darstellung des Themas jedoch prädestiniert zu sein, da sowohl das Getrenntsein als auch die (oft nicht eingelöste oder negativ kodierte) Möglichkeit des Zusammentreffens in der episodischen Struktur hervorragend veranschaulicht werden können. Auch dadurch, dass wir die verschiedenen Figuren kennenlernen, und (wie in Kapitel C. angesprochen) feststellen, dass sie alle eigentlich trotz der oberflächlichen Unterschiede die wichtigsten Eigenschaften und Gefühle wie Leid, Schuld und Liebe teilen, werden wir geradezu mit dem Kopf darauf gestoßen, wie viel sich diese Menschen zu sagen hätten. Die meisten episodischen Filme lassen die verschiedenen Handlungsstränge zwar kollidieren, doch ist es bezeichnend, dass dies oft in Form eines Unfalls, und nicht etwa in einem Gespräch geschieht. So ist es auch sicher kein Zufall, dass es in BABEL ausgerechnet ein Gewehr ist, das die Handlungsstränge miteinander verbindet. Als Symbol der Gewalt scheint es an die Stelle der zwischenmenschlichen Kommunikation zu treten, die eigentlich das Mittel zur Zusammenführung von Menschen sein sollte. Im einleitenden Monolog von CRASH wird ein ähnlicher Gedanke angesprochen: „In L.A., nobody touches you. We're always behind this metal and glass. I think we miss that touch so much, that we crash into each other, just so we can feel something."[259] Ein normales Miteinander scheint nicht mehr möglich. Das Nebeneinander kann nur zeitweise in ein Aufeinandertreffen münden, ein echtes Miteinander wird daraus jedoch nicht. Es kommt zu der von Treber beschriebenen „räumlichen Nähe bei gleichzeitiger Kommunikationslosigkeit"[260]: „Räumliche Nähe impliziert normalerweise verschiedene Grade von

---

[258] MUNDHENKE, F.: *Zufall und Schicksal*, a.a.O., S. 85.
[259] HAGGIS, Paul: *Crash*, USA 2004, DVD.
[260] TREBER, K.: *Auf Abwegen*, a.a.O., S. 129.

Anteilnahme, Identifikation oder Zusammengehörigkeit, womit der Widerspruch zwischen dem direkten räumlichen Nebeneinander und der Beziehungslosigkeit der Figuren in SHORT CUTS eine fundamentale Einsamkeit vermittelt, in der jeder Einzelne mit seinen Gedanken und Schmerzen für sich alleine existiert."[261]

In BABEL wird diese Inkommunikation und die daraus resultierende Einsamkeit zum Hauptthema erklärt, wie durch den Titel bereits angedeutet wird. „Auch im Zeitalter der weltumspannenden Kommunikationsmittel entdeckt er [Iñárritu] allenthalben die Unfähigkeit des Menschen, kulturelle und gesellschaftliche Barrieren zu überspringen, Worte zu finden, die den Menschen neben ihm ansprechen könnten, Urteile und Vorurteile über Bord zu werfen, um den anderen in seiner individuellen Eigenart zu erkennen und zu tolerieren."[262] Bezeichnend hierfür kann die Szene gelten, in der Susan nach langem Warten mit dem Rettungshubschrauber abtransportiert wird. Für den marokkanischen Helfer, der alles ihm Mögliche für Richard und Susan getan hat, hat Richard nicht mal mehr ein Wort des Dankes. Das einzige Dankeszeichen, das ihm einfällt, ist, ihm ein Bündel Geldscheine in die Hand zu drücken, die der Marokkaner jedoch konsequenterweise ablehnt. Er hat seine Hilfe nicht des Geldes wegen geleistet, sondern aus Menschlichkeit. Das einzige, mit dem man ihm dies danken könnte, wäre eine Geste genau dieser Menschlichkeit, zu der Richard jedoch nicht im Stande ist. Iñárritu selbst bestätigt diese Beobachtungen in einem Kommentar zu den Dreharbeiten von Babel:

Das Filmteam bestand von Anfang an aus Mexikanern, Amerikanern, Franzosen, Italienern, Arabern, Berbern, Deutschen und gegen Ende aus Japanern. Parallel zum Hauptthema des Films fühlte ich, dass trotz aller Instrumente, die zur Verbesserung der Kommunikation zwischen den Menschen entwickelt worden waren, die Wirklichkeit am Ende ganz anders aussieht. Das Problem sind nicht die neuen, zahllosen Instrumente, die uns zur Kommunikation zur Verfügung stehen, sondern die Tatsache, dass niemand zuhört. Wenn es nichts zu hören gibt, gibt es auch nichts zu verstehen; wenn wir aufhören zu verstehen, ist unsere Sprache nutzlos und führt letztendlich zur Entzweiung.[263]

---

[261] Ebd., S. 167.
[262] EVERSCHOR, F.: „Babel", a.a.O., S.30.
[263] GONZÁLEZ IÑÁRRITU, A., in: HAGERMAN, M. E.: *Babel*, a.a.O., S. 279.

V. „Die kosmische Überschau über das Leben"[264] – Die polyfokalisierte Erzählhaltung

Anknüpfend an die These, dass episodisch erzählte Filme die immer größer werdende Vernetzung im Zuge der Globalisierung widerspiegeln, kann man ein weiteres Merkmal episodischen Erzählens nennen. Durch die Vielzahl der miteinander verwobenen Handlungsstränge wird auch eine Multiplikation der Perspektiven ermöglicht, was zu einem „'demokratischen' Erzählprinzip"[265] führt. Das heißt, ein und dasselbe Geschehen wird zwar nicht wie im perspektivenbasierten Variantenfilm aus unterschiedlichen Perspektiven mehrmals durchgespielt,[266] weswegen auch nicht von einem multiperspektivischen Erzählen gesprochen werden kann,[267] jedoch werden ver-

---

[264] DUISBERG, Carl Ludwig: „Revolution in der Filmkunst. Gedanken über die Macht des Films", in: *KINtop 10. Jahrbuch zur Erforschung des frühen Films*, Frankfurt/Main 2001, S. 95-102, S. 97.

[265] KOEBNER, Thomas: „Short Cuts", in: ders. (Hrsg.): *Filmklassiker. Beschreibungen und Kommentare, Bd. 5 (ab 1993)*, 5., überarb. u. erw. Aufl, Stuttgart: Reclam 2006, S. 424-429, S. 425.

[266] Für AMORES PERROS trifft dies teilweise zu. Der Unfall selbst wird zwar aus verschiedenen Perspektiven mehrmals, insgesamt viermal, wiederholt. Der Unterschied zu den Variantenfilmen besteht jedoch darin, dass in AMORES PERROS der Unfall jeweils nur einen kleinen Teil der Episoden darstellt und als Ausgangs-, Wende- bzw. Endpunkt der jeweiligen Erzählungen fungiert. In Variantenfilmen wie z.B. in RASHOMON (Akira Kurosawa, 1950) wird die Multiperspektivität zum wesentlichen Thema erhoben und die gesamte Filmhandlung dreht sich um ein- und dasselbe Ereignis, das aus verschiedenen Perspektiven wiederholt wird.

[267] Vgl. NÜNNING, Vera/NÜNNING, Ansgar: „Von ‚der' Erzählperspektive zur Perspektivenstruktur narrativer Texte: Überlegungen zur Definition, Konzeptualisierung und Untersuchbarkeit von Multiperspektivität", in: dies. (Hrsg.): *Multiperspektivisches Erzählen. Zur Theorie und Geschichte der Perspektivenstruktur im englischen Roman des 18. bis 20. Jahrhunderts*, Trier: WVT, Wiss. Verl. 2000, S. 3-38, S. 18/19: „Demzufolge ist Multiperspektivität bzw. multiperspektivisches Erzählen nicht bloß ein numerischer Effekt, der aus dem Vorhandensein von mehr als bloß einem Perspektiveträger in einem Werk resultiert. Eine solche rein formale Bestimmung des Begriffs würde zu einer grenzenlosen Ausweitung führen, durch die das Konzept Gefahr laufen würde, wertlos zu werden, denn dann wäre fast jeder Text multiperspektivisch. Zu einem rezeptionsästhetisch und interpretatorisch signifikanten Phänomen wird Multiperspektivität vielmehr erst dann, wenn mehrere Versionen desselben Geschehens (verstanden als Sammelbegriff für die Gesamtheit aller Phänomene auf der Ebene der erzählten Welt) erzählt werden." Auch Katharina Bildhauer weist auf diese Einschränkung hin: „Da in den folgenden Drehbüchern ein bestimmter Themenkomplex aus verschiedenen Blickwinkeln beleuchtet wird, wäre die Bezeichnung ‚multiperspektivisch' naheliegend. Dieser Terminus ist hier allerdings – wie oben dargelegt – den Drehbüchern vorbehalten, die nicht ein Thema, sondern ein und dasselbe Ereignis aus verschiedenen Perspektiven darstellen. Daher ist an dieser Stelle von multiprotago-

schiedene Personen sowie deren Handlungsmotivationen, die zu dem dargestellten Geschehen führen und Konsequenzen, die sich aus demselben ergeben, fokalisiert. Ich möchte hierfür den Terminus von Genette der externen Polyfokalisierung benutzen, da diese Erzählform in allen drei hier untersuchten Spielfilmen zum Tragen kommt. Wichtig ist hierbei noch, ebenfalls im Unterschied zum perspektivenbasierten Variantenfilm, dass die vorgestellten Perspektiven grundsätzlich miteinander kompatibel sind und sich gegenseitig ergänzen aber nicht ausschließen. Durch die Mehrzahl der Polyfokalisierung wird eine umfassendere Sicht auf die Gesamtsituation (nicht jedoch eines einzelnen Geschehens, wie im Falle der Multiperspektivität), ermöglicht. Deshalb ist der von Karsten Treber bemühte Vergleich mit der künstlerischen Strömung des Kubismus[268] meines Erachtens auch nur bedingt auf nicht multiperspektivisch erzählte episodische Filme anwendbar. Der Kubismus stellt Gegenstände gleichzeitig aus mehreren von einem bestimmten Standpunkt aus nicht gleichzeitig wahrnehmbaren Perspektiven dar, um so die Gesamtheit des präsentierten Gegenstandes zu erfassen. Ersetzt man den Gegenstand durch ein bestimmtes Ereignis, so ist der Vergleich nicht auf die hier untersuchten Filme anwendbar, da er nur für diejenigen Filme zum Tragen kommt, in denen eine multiperspektivische Erzählhaltung vorherrscht. Setzt man statt des Gegenstandes im Kubismus jedoch die abstrakte Gesamtsituation, die der Film darstellt, so könnte man durchaus den Vergleich rechtfertigen. Durch die Polyfokalisierung werden stets eine Vielzahl von Meinungen, Ansichten und Standpunkten deutlich, die alle zusammengenommen ein relativ vollständiges Bild der Situation liefern können.

Einige der gesichteten Filme nehmen selbstreflexiv auf diese veränderte Wahrnehmung Bezug.[269] So spielt der Film CHACUN SON CINÉMA OU CE PETIT COUP AU COEUR QUAND LA LUMIÈRE S'ÉTEINT ET QUE LE FILM COMMENCE (2007), auf deutsch „Jedem sein Kino", bereits durch seinen Titel darauf an, dass jeder unterschiedliche Vorlieben und Ansichtsweisen zu einem bestimmten Thema, hier dem Kino selbst, hat und

---

nistischem-mehrsträngigem Erzählen die Rede. Mehrere Protagonisten haben ihren jeweiligen Handlungsstrang, der mit den anderen durch (mit dem Thema zusammenhängenden) Geschehnisse oder Dinge verbunden ist." (BILDHAUER, K.: *Drehbuch reloaded*, a.a.O., S. 149).

[268] Vgl. TREBER, K.: *Auf Abwegen*, a.a.O., S. 314.

[269] Normalerweise ist unsere Wahrnehmung ichbezogen, was sich auch in der Erzählstruktur klassisch erzählter Filme widerspiegelt, in denen der Schwerpunkt auf einem Protagonisten oder einem Protagonistenpaar liegt, welches meistens auch als Identifikationsfigur für den Zuschauer fungiert. In den hier besprochenen Filmen verteilt sich die Fokalisierung jedoch auf mehrere Instanzen.

gibt diesen Raum zur Artikulation. Auch der Kommentar des Spielleiters in Max Ophüls LA RONDE spielt ironisch auf die umfassende Sichtweise an, wenn er sagt: „Ich bin die Inkarnation ihres Verlangens. Ihres Verlangens danach, alles zu erfahren. Die Menschen kennen nur einen Teil der Realität. Und warum? Weil sie immer nur eine einzige Seite der Dinge betrachten. Ich jedoch sehe alles." Der Titel dieses Unterkapitels entstammt einem Aufsatz von Carl Duisberg, der von dem Wunsch der Dichter spricht, „[d]as Weltgeschehen möglichst raum- und zeitlos zu umspannen, die Tragödie der Völker in einem Bilde einzurahmen und wie ein Gott, welchem Zeitspannen nicht die Erkenntnis verschleiern, Überschau zu halten, alle Quellen zugleich springen, Menschen leben und leiden zu sehen und nicht nur eng begrenzt vom Einzelfall abstrahieren zu müssen [...]."[270] Interessant ist hierbei, dass gerade die Übersicht, die im Film normalerweise durch die Totale oder Panorama-Einstellung ausgedrückt wird, nicht den vollständigen *Durch*blick zu gewährleisten scheint: „Die vereinheitlichende Sicht der Totalen ist nicht das vollständige Bild. Dieses lässt sich nur über die zersplitterten Nahaufnahmen der Gefühlswelten der einzelnen Menschen erschließen."[271] Insofern entsprechen episodische Filme genau diesem Anspruch.

In den hier zu untersuchenden Filmen lässt sich dieser Wunsch nach einem aus mehreren Perspektiven und Teilausschnitten zusammengesetzten, möglichst vollständigen Gesamtbild, dem episodisch erzählte Filme nachzukommen scheinen, gut überprüfen. In AMORES PERROS steht ein Unfall im Zentrum des Geschehens. Dieser erst verbindet die drei Erzählstränge und ihre jeweiligen Protagonisten miteinander. Der Unfall wird viermal im Laufe des Films gezeigt.[272] Zunächst am Anfang, als Prolog, aus der Sicht von Octavio und Jorge, den Verursachern des Unfalls. Danach erneut aus Sicht der beiden, nachdem die Vorgeschichte zum Unfall erzählt ist. Später wiederholt sich der Unfall aus der Sicht Valerias und schließlich aus der Perspektive von El Chivo, der couragiert Erste Hilfe leistet und sich um den verletzten Cofi kümmert. Durch die im Film nachgeschobene Erklärung aus Sicht Octavios erfahren wir den Grund des scheinbar unverantwortlichen Rasens durch Mexico City. Die zweite Wiederholung des Unfalls sehen wir aus dem Blickwinkel Valerias, jedoch wissen wir zu diesem Zeitpunkt noch nichts von den fatalen Folgen, die dieser Unfall für Valeria und ihre

---

[270] DUISBERG, C. L.: „Revolution in der Filmkunst.", a.a.O., S. 98.

[271] TREBER, K.: *Auf Abwegen*, a.a.O., S. 130.

[272] Dadurch ist für den Unfall zwar eine „echte" Multiperspektivität zu konstatieren, da diese jedoch nur für dieses eine Ereignis, welches nur einen kleinen Teil der Erzählzeit beansprucht, gilt, kann man nicht den ganzen Film als multiperspektivisch bezeichnen.

Modelkarriere haben wird. Erst die dritte Wiederholung, dieses Mal aus Sicht von El Chivo, sehen wir mit dieser Information. Die Perspektive El Chivos trägt auch dazu bei, dem Zuschauer die unmittelbar nach dem Unfall stattfindenden Szenen zu präsentieren, die für Octavio oder Valeria (Jorge ist bereits tot) auf Grund ihrer schweren Verletzungen kaum noch wahrnehmbar sind. Doch selbst an dieser Stelle des Films fehlt noch eine wichtige Information, die ebenfalls Resultat des Unfalls ist. Im Anschluss an den Unfall nimmt El Chivo den schwer verletzten Cofi, den man am Unfallort liegen lässt, als weiteres Mitglied seiner Ersatzfamilie auf und pflegt ihn gesund. Was er jedoch nicht weiß, ist, dass es sich um einen Kampfhund handelt, der, sobald er wieder genesen ist, alle seine weiteren Hunde töten und El Chivo damit um das einzige, was er noch hat, berauben wird. Somit werden mit jeder Wiederholung des Unfalls und mit jedem Fortgang der Erzählungen weitere wichtige Details sichtbar. Nach Abschluss des letzten Teils des Films, der mit „El Chivo y Maru" betitelt ist, ist uns das ganze Ausmaß der Tragödie bewusst. Denn nicht nur der Unfall und die verschiedenen Sichtweisen sind von Bedeutung, sondern vielmehr die Ursachen, die zu demselben geführt haben, sowie die Konsequenzen, die sich für verschiedene an ihm beteiligte Figuren ergeben. Dies kann nur durch eine polyfokalisierte, episodische Erzählung erreicht werden. Was in einem klassisch erzählten Film mit Konzentration auf nur eine Figur und damit auch nur eine Sichtweise an Informationsgehalt verloren ginge, führt uns Iñárritu mit seinem Erstlingswerk deutlich vor Augen.

In 21 GRAMS finden wir eine ähnliche Situation vor. Wollte man die *Fabel* des Films aus einer objektiven Perspektive kurz resümieren, würde man wohl auf die folgenden wichtigen Ereignisse Bezug nehmen. Jack überfährt Michael und seine beiden Töchter. Die Witwe Michaels, Cristina, stimmt einer Organspende zu, weshalb das Herz ihres verstorbenen Mannes Paul transplantiert werden kann, dem diese Operation das Leben rettet und der durch seine Nachforschungen Cristina kennenlernt, mit der er schließlich zusammenkommt. Aus dieser Sichtweise wäre das Geschehen vor allem für Cristina besonders tragisch, da sie ihre gesamte Familie verliert und deshalb in die Drogensucht zurückzufallen droht. Die anderen beiden würde man als „bösen Unfallverursacher", der zusätzlich noch Fahrerflucht begeht, sowie als glücklichen „Gewinner" des Unfalls bezeichnen können, die in einer klassischen Erzählung nicht weiter berücksichtigt würden.[273] Dass eine solche Zuschreibung für 21 GRAMS zu kurz grei-

---

[273] Zur Einteilung der Figuren in Kategorien wie Gut und Böse, Verlierer und Gewinner s. insbesondere Kapitel E.VI.

fen würde, beweisen uns Iñárritu und sein Drehbuchautor Guillermo Arriaga einereits durch die polyfokalisierte Erzählweise und andererseits durch die Verbindungen zwischen den Erzählsträngen, die dieselben untrennbar miteinander verweben. Dadurch erfahren wir z.b. auch die tragischen Konsequenzen, die der Unfall für Jack hat, und werden uns auch bewusst, dass auch Paul weit davon entfernt ist, sich einfach nur über sein neu geschenktes Leben zu freuen.

In BABEL schließlich kommt es tatsächlich zu der von Duisberg postulierten „kosmischen Überschau über das Leben". Nicht nur durch die in dem Fall tatsächlich weltumspannende Erzählung, sondern auch dadurch, dass wir alle (Mit-)Glieder der Kettenreaktion intensiv kennenlernen, bekommen wir Einblick in die Gesamtsituation und die Konsequenzen, die sich aus dem Schuss nicht nur für das amerikanische Ehepaar ergeben.

Dieser Wechsel der Fokalisierung ist auch eng mit dem von Treber beschriebenen Wechsel von Haupt- zu Nebenfiguren verbunden. Eine Stelle aus AMORES PERROS illustriert dies sehr schön. Einige Sekunden vor dem Unfall aus Valerias Sicht, sehen wir sie in einer subjektiven Kameraeinstellung aus dem Fenster schauen. Dabei fällt ihr Blick auf El Chivo, der mit seiner Hundefamilie durch die Straßen Mexico Citys läuft und dem sie für einige Sekunden folgt. Für sie ist er in diesem Moment nichts weiter als eine Nebenfigur, die wahrscheinlich auch nur in ihr Blickfeld gerät, da Richie ob des Anblicks so vieler Artgenossen nervös zu kläffen beginnt und El Chivo natürlich aufgrund seines ungewöhnlichen Erscheinungsbildes einen Blickfang darstellt. Die getauschten Rollen fallen vor allem bei der dritten Wiederholung des Unfalls ins Auge, die wir aus der Perspektive El Chivos sehen. Nun ist es Valeria, die aus seiner Sicht zur Nebenfigur wird, zu einem unter mehreren Unfallopfern. Er hilft ihr engagiert, lässt jedoch kurz danach wieder von ihr ab um sich Cofi zuzuwenden. Auch aus Valerias Sicht wird El Chivo zur Hauptfigur, schließlich verdankt sie ihm sein Leben, da alle anderen nur schaulustig um den Unfallort herum stehen anstatt Erste Hilfe zu leisten.

Peter Rabenalt fasst in seiner kurzen Abhandlung zum episodischen Erzählen im Film den Effekt polyfokalisierten Erzählens bildlich zusammen (ohne jedoch diesen Ausdruck zu benutzen): „Mit zunehmender Entfernung verlieren die Mosaiksteine menschlichen Verhaltens ihre eigene Form und Farbe und das Gesamtbild enthüllt Zusammenhänge, von denen die Figuren nichts wissen können."[274] Diese Erkenntnis, sich weiter entfernen zu müssen, um klarer zu sehen, findet sich bereits in Antonionis BLOW UP (1960), in dem der Fotograf feststellen muss, dass die auf seinem Foto festgehaltene Person umso unschärfer wird, je näher er sie durch Vergrößerung heranzuzoomen versucht. Das Postulat eines schärferen, und damit klareren, und damit vielleicht auch wahrhaftigeren Blicks steckt auch bereits in der Formulierung Duisbergs der „kosmischen Überschau über das Leben". Der Autor führt diese Idee im Laufe seines Aufsatzes aus und fasst die in diesem und dem vorangegangenen Unterkapitel festgestellte Nicht-Isolierbarkeit des Einzelnen in episodisch erzählten Filmen in Bilder: „[Der] Schauspieler ist eine Figur, eingeordnet im Ganzen einer gewaltigen Regie. Im kosmischen Weltbild gesehen ein Sandkorn in der Wüste, eine Welle im Meer der Geschehnisse."[275] Man muss sich, so scheinen uns episodisch erzählte Filme vermitteln zu wollen, von einer egozentrischen, eindimensionalen, „herangezoomten" Sichtweise auf ein Geschehen bzw. auf die Welt befreien, den Blick erweitern und, quasi aus der Vogelperspektive, andere Sichtweisen und Vorstellungen in sein Weltbild integrieren, um der Realität[276] des Ganzen ein Stück näher zu kommen. Dies darf jedoch, wie dargestellt, nicht einfach über die Panorama-Einstellung erfolgen.

VI. Die Aufhebung von Binäroppositionen

Die soeben beschriebenen Konsequenzen, die sich aus der polyfokalisierten Erzählung für die Sichtweise auf das dargestellte Geschehen ergeben, lassen noch eine weitere Interpretation zu. In allen drei hier besprochenen Filmbeispielen werden die einzelnen Handlungsstränge über einen Unfall miteinander verknüpft. Auch in anderen

---

[274] RABENALT, Peter: *Filmdramaturgie*, Berlin 2004, S. 126.
[275] DUISBERG, C.: „Revolution in der Filmkunst", a.a.O., S. 100.
[276] Dass es die eine und wahre Realität nicht geben kann, ist spätestens seit dem Konstruktivismus postuliert und soll hier nicht weiter diskutiert werden. Natürlich stellen auch episodisch erzählte Filme **immer** einen Ausschnitt, und noch dazu einen vom Künstler willkürlich gewählten dar. In unseren Filmen, im Gegensatz zu Variantenfilmen, wo dieses Thema durchaus ausdiskutiert wird und die Inkompatibilität mehrerer Realitätsentwürfe präsentiert wird, wird in episodisch erzählten Filmen weniger die Frage gestellt, ob es die eine Realität überhaupt gibt, sondern es wird vielmehr darauf aufmerksam gemacht, dass man die Komplexität unserer heutigen Welt nicht nur von einem Standpunkt aus betrachten darf, sondern seinen Blick erweitern muss, um ein vollständigeres Bild von komplexen Vorgängen zu erhalten.

episodisch erzählten Filmen ist dies der Fall, wie z.b. in CRASH, welcher den Unfall bereits im Namen trägt. Meine These ist hierbei, dass durch die polyfokalisierte Erzählhaltung des Episodischen, durch welche alle Seiten, die an dem jeweiligen Unfall und der sich daraus entwickelnden Geschichten beteiligt sind, beleuchtet werden, die binäroppositorische Opfer-Täter-Struktur im Sinne des Dekonstruktivismus aufgehoben wird. „[T]he film [Babel] builds to a stunning impact because it does not hammer us with heroes and villains but asks us to empathize with all of its characters. They all have their reasons, they all work with only limited information, they all win our sympathy."[277] Im klassischen Erzählkino (wie auch schon seit Jahrhunderten in der Literatur und anderen narrativen Ausdrucksformen), dominiert das ewige Erzählprinzip Gut gegen Böse, wobei die jeweiligen Positionen ganz klar zugewiesen sind und auch stilistisch unverkennbar sind. Vor allem im Genrekino, wie z.B. im Western, finden wir diese Schwarz-Weiß-Malerei (was nicht negativ gemeint ist). Dadurch aber, dass wir uns in den hier behandelten Filmen nicht mit „dem Guten" identifizieren, sondern durch die lange Zeit, die jede der drei bzw. vier Geschichten im Film einnimmt, mit allen beteiligten Protagonisten sympathisieren, werden wir dazu gezwungen, uns von dem, so scheinen es die Filme zu suggerieren, ausgedienten Konzept des Gut-Böse zu verabschieden und Raum für eine Neuinterpretation und ein Umdenken zu schaffen. Durch die relativ lange Zeit, die den einzelnen Geschichten zugestanden wird, gibt Iñárritu seinen Figuren Zeit und Raum sich vor uns zu entfalten und uns ihre Wünsche, Probleme und Handlungsmotivationen näher zu bringen. Bei allen Hauptfiguren, die durch den jeweiligen Unfall miteinander verbunden sind, können wir aufgrund einer im Gegensatz zu anderen episodisch erzählten Filmen verhältnismäßig starken Psychologisierung der Charaktere deren Intentionen und Handlungen nachvollziehen. Iñárritu scheint uns die rhetorische Frage zu stellen: „Wie hätten sie denn sonst handeln sollen?"

Octavio und Jorge hatten gleich zwei triftige Gründe den Verkehrsregeln nur bedingte Aufmerksamkeit zu schenken. Das Leben Cofis schwebt in höchster Gefahr, was schon Grund genug wäre, alles dafür zu geben es zu retten. Schließlich ist es nicht nur der Hund Ramiros und durch seinen Tod hätte Octavio schlimmste Strafen seines

---

[277] EBERT, Roger: *Cape of Good Hope*, 06.01.2006, konsultiert auf: http://rogerebert.suntimes.com/apps/pbcs.dll/article?AID=/20060105/REVIEWS/60106010/1023.

Bruders zu befürchten, sondern der Hund bedeutet außerdem hohe Summen an Geld für Octavio, welches wiederum die Voraussetzung für die Erfüllung seines Traumes ist, nämlich ein neues Leben mit Susana zu beginnen. Doch noch ein weiterer Grund ist es, der Octavio das Gaspedal durchtreten lässt. Sie beide schweben selbst in höchster Lebensgefahr, wie an den auf sie gerichteten Pistolen klar ersichtlich wird. Dies lässt Jorge Octavio noch dazu auffordern, doch endlich Gas zu geben, um ihre Verfolger endgültig abzuschütteln. Durch das Fahren über Rot werden sie zwar zum Unfallverursacher und im rechtlichen Sinne sicherlich auch für schuldig erklärt, der Film scheint durch seine Inszenierung jedoch einen anderen Standpunkt einzunehmen. Nicht nur die bereits beschriebenen Gründe schwächen die Schuld der beiden Freunde ab; auch die Kameraposition der Aufnahme der von gelb auf rot springenden Ampel scheint für deren Unschuld zu plädieren. Von der subjektiven Kameraeinstellung, die Octavios Blick auf die Ampel zeigt, wird in dem Moment auf die Außenansicht der Insassen geschnitten, als sich das Auto bereits fast unter der Ampel befindet. Damit wird ein allen Autofahrern bekanntes Dilemma aufgerufen. Was tun, wenn die Ampel gelb zeigt, man sich aber genau in dem Abstand zur Kreuzung befindet, der zum Bremsen zu kurz und zum Beschleunigen zu lang ist? Die Entscheidung wird Octavio einerseits durch den extrem kurzen Abstand zur Kreuzung erleichtert, der durch die starke Untersicht suggeriert wird, anderseits durch die Lebensgefahr, in der er, Jorge und Cofi schweben und die durch die Aufforderung Jorges schneller zu fahren, noch unterstrichen wird. Schließlich wird die Ununterscheidbarkeit zwischen Opfer- und Täterrolle noch dadurch markiert, dass beide selbst zu Unfallopfern werden und Jorge dabei sogar sein Leben verliert.

Valeria ist zwar in erster Linie als Opfer des Unfalls zu betrachten, doch wird auch diese Zuschreibung bei genauerem Hinsehen problematisch. Der Grund das Haus zu verlassen ist Wein zu kaufen, den ihr Liebhaber Daniel für ihr erstes Abendessen in ihrer gemeinsamen Wohnung vergessen hatte. Das heißt, sie wird überhaupt erst durch das Abendessen in den Unfall verwickelt. Dies ist insofern bedeutsam, als dass das Essen und mehr noch die neue **gemeinsame** Wohnung, die sie mit dem Essen zelebrieren, für ihre Beziehung steht, die sie nun ungestört ausleben können. Damit wird Valeria zum Grund für Daniel, seine Frau und seine beiden Kinder zu verlassen und damit seine Familie zu zerstören. In diesem Sinne nimmt auch Valeria eine Zwischenstellung zwischen Opfer und Täterin ein. Die Zerstörung ihres Beines und damit ihres ganzen Lebens durch den Unfall erscheint gewissermaßen als Bestrafung für die durch sie ausgelöste Zerstörung von Daniels Familie.

Auch El Chivo befindet sich in einer ähnlichen Position wie Valeria. Obgleich er im direkten Zuge des Unfalls als selbstloser Retter und aufopfernder Helfer dargestellt wird, wird er später zum Opfer, da Cofi seine gesamte Ersatzfamilie tötet. Vorher ist El Chivo bereits zum Täter geworden. Auch er hat eine Familie, seine eigene, zerstört, indem er zum Guerilla-Kämpfer geworden ist. Aber bereits diese Entscheidung ist ambivalent zu betrachten, da er ja für eine höhere Sache kämpfen wollte und seine Absichten damit positiv zu bewerten sind. Die Konsequenzen jedoch haben nicht nur seine Familie zerstört, sondern letztendlich vor allem ihm selbst geschadet. Er hat zwanzig Jahre im Gefängnis verbracht, seine Familie verloren und lebt nun mit seiner Ersatzfamilie in einer schäbigen Unterkunft. Doch noch in einer anderen Hinsicht ist er Täter, nämlich durch seinen Job als Auftragskiller. Er befindet sich nur auf Grund eines seiner Aufträge am Ort des Geschehens. Durch seine Präsenz am Unfallort (die, so scheint es der Film zu suggerieren, aus seinen zu verurteilenden Absichten resultiert), wird er in der weiteren Folge seine „Familie" erneut verlieren. Aber auch hier wäre der Begriff Täter zu einseitig und negativ. Er tötet zwar Menschen, ohne dass die Figuren im Film (in der Zeitung ist zu lesen „se ignoran los motivos") noch die Zuschauer erfahren warum; allerdings ist bereits in seinem zweiten Auftrag, der im Zentrum seiner Geschichte steht, ein Umdenken spürbar. Statt wie befohlen den unliebsamen Geschäftspartner Gustavos umzubringen, führt er die verfeindeten Halbbrüder zusammen und macht durch seine Aktion klar, dass auch hier Täter und Opfer nicht mehr voneinander zu unterscheiden sind.

Auch für 21 GRAMS trifft dies zu. Auch hier können Gut und Böse nicht mehr eindeutig bestimmten Figuren zugeordnet werden. Jack, der zum Glauben bekehrte Ex-Sträfling, überfährt Michael und seine beiden Töchter und begeht Fahrerflucht. Aus der Sicht Cristinas und Michaels kann ihm keine andere Rolle als die des Täters zugewiesen werden. Doch auch hier ist die Situation nicht so einfach. Durch die polyfokalisierte Erzählweise lernen wir auch Jacks Sichtweise genauestens kennen. Warum er Fahrerflucht begangen hat, wird nicht erklärt, sondern bleibt, wie auch der Unfall selbst, eine Leerstelle. Unmissverständlich machen uns Iñárritu und Arriaga jedoch klar, dass er sein Verhalten hinterher zutiefst bereut. Er liefert sich selbst der

Polizei aus und fällt von dem gerade gewonnen Glauben ab. Sein missglückter Selbstmordversuch lässt sich als letzter Ausdruck seiner Schuldgefühle lesen, die so stark sind, dass er sie nicht mehr erträgt. So wird auch Jack vom Täter zum Opfer. Dadurch, dass der Grund für seine Fahrerflucht dem Zuschauer vorenthalten wird, bleibt sein Verhalten jedoch nicht so gut nachvollziehbar, wie dies bei Octavio und Jorge der Fall ist.

Cristina ist zunächst deutlich als Opfer gekennzeichnet, da sie wie bereits oben beschrieben die direkte Leidtragende des Unfalls ist. Doch auch sie macht in ihrer grenzenlosen Wut und Trauer einen Schritt, der sie zur Mitproduzentin von Leid werden lässt. Durch ihren aufgestauten Hass beschließt sie schließlich Jack umzubringen. Auch wenn sie dieses Vorhaben nicht wirklich in die Tat umsetzt, sondern nur in einer der letzten Szenen des Films mit einer Lampe auf ihn einschlägt, so setzt sie damit doch die Suche nach Jack in Gang. Diese führt nicht nur dazu, dass sich Paul aus Liebe zu ihr seinem (ungewollten) Lebensretter gegenüber sieht, sondern schlussendlich sogar zum Selbstmord Pauls. Somit ist auch sie schuldig am Tod eines Menschen, was sie eindeutig aus ihrer eindimensionalen Opferrolle löst. Interessant ist auch, dass Cristina gerade in dem Moment zur Täterin wird, in dem ihr aus ihrem Opfersein resultierendes Leid am größten ist. Somit wird die Untrennbarkeit von Opfer und Täter erneut akzentuiert. Die nonlineare Erzählweise des Films hat zur Folge, dass sie zunächst durchgehend als Opfer inszeniert wird; erst am Ende macht uns der Film deutlich, dass auch sie nicht ganz so unschuldig ist, wie die ganze Zeit angenommen wurde.

Bei Paul scheint die Einteilung in Kategorien wie Gut oder Böse zunächst hinfällig zu sein, da er zunächst nur das passive Objekt der Geschehnisse zu sein scheint. Er erhält ohne eigenes Zutun ein neues Herz, was ihm ein neues Leben ermöglicht. Aufgrund der geltenden Vorschriften wird ihm der Name des Spenders vorenthalten. Dies macht ihn absolut passiv und unschuldig. Doch mehrere Hinweise zeichnen ihn als ebenfalls Aktiven aus, der zu dem Fortgang der Handlung wesentlich beiträgt. Er macht sich nämlich entgegen der Vorschriften auf eigene Faust auf die Suche nach der Witwe seines Spenders, die jedoch nichts über seine Identität weiß und sich somit quasi unter falschen Prämissen in ihn verliebt. Später wirft sie ihm vor, dass er seine Situation ausgenutzt habe und nicht an die Opfer denke: „Who are you? You owe it to Michael. You've got his heart. You're in his house, fucking his wife and sitting in his chair." Ein weiterer Hinweis darauf ergibt sich erneut aus der Nonlinearität der

Erzählung. In der Anordnung der Ereignisse, wie sie uns der Film präsentiert, erhält Paul sein neues Herz bereits lange bevor der Unfall passiert. Dies setzt die Wirkung chronologisch gesehen vor die Ursache. Obgleich dies der Überinterpretation gefährlich nahe kommt, ist die zeitliche Struktur der Erzählung nicht ganz außer acht zu lassen. Man könnte hier argumentieren, dass Ursache und Wirkung nicht nur chronologisch in umgekehrter Reihenfolge auftreten, sondern dadurch eine gänzliche Inversion beider stattfindet. Dies würde Paul zum Mittäter an dem Unfall machen. Jedoch wird auch bei Nichtakzeptanz dieser Interpretation Paul in eine zu keiner Seite hin auflösbare Zwischenstellung zwischen Opfer und Täter gerückt, nämlich gegen Ende des Films. Sein Selbstmord lässt ihn im selben Moment zum Täter und zum Opfer werden, wodurch auch in seiner Person die aufgestellte These zutrifft.

Sieht man sich die auszumachende Fabel von BABEL wie im Kapitel D.III. beschrieben in ihrer chronologischen Abfolge an, so beginnt die tragische Kettenreaktion in Japan mit der Schenkung des Gewehrs von Yazujiro an Hassan. Damit könnte man ihn genau genommen als den Urheber und damit als an dem Unfall Mitschuldigen bezeichnen. Doch Iñárritu betreibt in keinem Moment Schwarzweißmalerei. Die Gründe der Schenkung werden klar herausgearbeitet. Aus Dankbarkeit über die Treue und gute Arbeit seines Jagdführers Hassans hat er diesem sein Gewehr geschenkt. Allein diese gute Absicht sowie die Tatsache, dass die Beziehung zwischen beiden, die nicht gezeigt, aber angedeutet wird, die einzige im ganzen Film ist, die von (interkultureller) Verständigung geprägt ist, macht die negative Kategorisierung Yazujiros unmöglich. Zudem hallt das Echo des von seinem Gewehr abgefeuerten Schusses von Marokko bis ins ferne Japan nach, da das Gewehr immer noch auf seinen Namen registriert ist und er somit von der Polizei gesucht wird.

Das nächste Glied in der Kette sind die Brüder Yussef und Ahmed, die auf Geheiß ihres Vaters hin das Gewehr testen, woraufhin Yussef den tragischen Gewehrschuss abfeuert. Das weist ihn zunächst als Täter aus, jedoch wird auch bei ihm seine Handlung für den Zuschauer nachvollziehbar gemacht und damit relativiert. Die beiden Brüder spekulieren darüber, ob das Gewehr tatsächlich, wie von Hassan behauptet, eine Reichweite von 3 Kilometern hat. Um dies zu überprüfen, schießt Yussef schließlich auf das einzige Objekt, das sich in einer ausreichenden Entfernung zu ihnen befindet. Der Bus muss den Kindern als ein weit entferntes ‚Ding' erscheinen, das sie, durch die Panoramaeinstellung der Kamera unterstrichen, sicherlich nicht mit den Menschen, die in dem Bus sitzen, in Verbindung bringen. Dazu kommt die Tatsache, dass die beiden Kinder gar nicht daran glauben, dass das Gewehr tatsächlich so weit schießen kann. Insofern wird der Schuss als Unfall inszeniert, resultierend aus der eher unschuldigen Wette der Kinder. Zudem geraten auch Yussef und Ahmed aus der aktiven, in die Richtung Täter gehende passive Opferrolle, als die Polizei nach der Familie fahndet. Dadurch erleiden sie letztendlich weitaus größeres Leid, als sie durch ihren leichtsinnigen, nicht mit böser Absicht abgegebenen Schuss ausgelöst haben. Die Polizei behandelt die beiden Kinder auf brutale Art und Weise und verletzt Ahmed schließlich tödlich. Yussef versucht vergeblich seinen Bruder zu schützen und nimmt die gesamte Schuld auf sich, weshalb er am Ende von der Polizei abgeführt wird. Das willkürliche Auftreten der Polizisten lässt vermuten, dass Yussef auch nach seiner Festnahme keine mildere Behandlung erfahren wird.

Susan, die direkt Geschädigte des Unfalls, und ihr Mann Richard scheinen zunächst eindeutig die Opfer des Unfalls zu sein. Dies wird durch die Tatsache unterstrichen, dass Susan beinahe die ganze Filmhandlung über schwer verletzt und halb bewusstlos am Boden liegt.[278] Wenn Susan diese Rolle auch durchaus zukommt und nicht, wie bei den anderen Protagonisten durch andere Handlungen und Tatsachen relativiert wird, geraten Richard und Susan als Figurenpaar jedoch durchaus in die schwierige Zwischenstellung zwischen Täter und Opfer. Durch das Telefongespräch mit Amelia, der Haushälterin, die sich wie eine Mutter um die beiden Kinder kümmert, löst Richard unbewusst und vor allem ungewollt eine weitere Katastrophe aus. Doch auch hier gilt dasselbe wie für die anderen Figuren der Trilogie: Er wird zum Opfer der Umstände. Jede seiner Handlungen wird für den Zuschauer nachvollziehbar gemacht. In tiefer Sorge sowohl um seine Frau als auch um seine Kinder, die in diesem Moment alle schutzbedürftig sind, geht er den einzigen für ihn möglichen Weg: Er bleibt bei seiner Frau und delegiert die Fürsorge seiner Kinder, wie schon die ganze Zeit, an die treue und zuverlässige Amelia. Dass ihm die Hochzeit im Gegensatz zu seinen Kindern zweitrangig erscheinen muss, wird durch die Vorgeschichte ebenfalls plausibel. Er hat bereits eines seiner Kinder verloren. Die panische Angst, welche die Vorstellung von Debbie und Mike allein zu Hause bei ihm auslösen muss, ist somit leicht verständlich. Doch selbst in dieser Extremsituation, in der sich Richard befin-

---

[278] Dies war auch der Grund, warum Cate Blanchett die Rolle der Susan zunächst nicht annehmen wollte (vgl. GONZÁLEZ IÑÁRRITU, A., in: HAGERMANN, M. E.: *Babel*, a.a.O., S. 281).

det, unternimmt er zumindest den Versuch, auch die andere Seite zu berücksichtigen. Er degradiert Amelia keinesfalls als für ihn arbeitende und damit unter ihm stehende Immigrantin. Dies wird an seinem, aufgrund des Wohlstandes der Familie glaubwürdigen Versprechen für eine viel teurere Hochzeit zu bezahlen deutlich.

Amelia befindet sich durch den Befehl Richards, bei den Kindern zu bleiben, ebenfalls in der Zwickmühle. Einerseits will sie die Hochzeit ihres einzigen Sohnes nicht verpassen, andererseits fühlt sie sich natürlich für die Kinder verantwortlich. Da sie niemanden findet, der statt ihrer auf Mike und Debbie aufpassen könnte, entschließt sie sich schließlich ihre beiden Verpflichtungen miteinander zu verbinden, in Anbetracht ihrer Situation eine durchaus nachvollziehbare Entscheidung. Sie wird zum Opfer der tragischen Kettenreaktion, die von Japan ausgehend über Marokko schließlich die USA und Mexiko erreicht, aber gerade ihre Opferposition lässt sie zur ‚Täterin' werden, da sie ihre Verpflichtungen verletzt. Jedoch ist selbst diese Zuschreibung kaum möglich, da sie das mit der Familie Ausgemachte, nämlich die Fürsorge für die Kinder außer an dem Tag der Hochzeit, durchaus nachgekommen ist.

Über Amelia wird auch deren Neffe Santiago in die Geschehnisse verwickelt. Allein die Tatsache, dass Amelia die Kinder vor dem nächsten Morgen wieder zurück zu Hause wissen will, da Mike am nächsten Tag Fußballtraining hat, lässt ihn sich noch spät nachts betrunken ans Steuer setzen. Er wird damit, wie Amelia selbst auch, ungewollt in eine Situation gebracht, die er selbst nicht verschuldet hat. Vorwerfen könnte man ihm dagegen alkoholisiert Auto gefahren zu sein oder an der Grenze ausgerissen zu sein. Ersteres kann man ihm allein deswegen nicht vorwerfen, da er erst, nachdem er bereits getrunken hat, von Amelia angehalten wird, noch zurückzufahren. Die einzige ‚Schuld' ist die, an der Grenze scheinbar ohne Grund ausgebrochen zu sein. Doch auch hier ist es gerade eine zu lange geduldete Opferrolle, die ihn zum Täter werden lässt, wie der Regisseur selbst eindrücklich beschreibt:

In den vergangenen fünf Jahren musste ich alle sechs Monate die Grenze zwischen Tijuana und den USA zusammen mit meiner Frau und meinen Kindern überqueren. Trotz dieser vielen Erfahrungen beeindrucken mich der Kontrast und die Ungleichheit zwischen beiden Ländern immer wieder: Alle aus dem USA anreisenden Autos überqueren die Grenze und fahren in mein Land, ohne sich einer Kontrolle unterziehen zu müssen, ohne Unannehmlichkeiten. Im Gegensatz dazu wird jeder Wagen, der von Mexiko in die USA fährt, peinlich genau untersucht, so dass das Passieren der Grenze zu einem Ritual der Erniedrigung und des Misstrauens wird. Für mich ist Santiagos heftige Reaktion nicht auf eine einzelne

Kontrolle, sondern auf all die Jahre des beständigen Machtmissbrauchs und die Verhaltensweisen der Grenzbeamten zurückzuführen.[279]

Auch Santiago reiht sich in die zwischen den Polen schwankenden Protagonisten BABELS ein.

Da bei Chieko die tragische Kettenreaktion ihr Ende nimmt, von ihr also keine weiteren Ereignisse ausgehen, ist hier die Frage nach Täter-/Opferstrukturen von vorneherein hinfällig. Das Geschenk, das ihr Vater vor vielen Jahren Hassan gemacht hat, fällt zwar auf sie und ihn zurück und führt zu einer Art ‚stummen Aussprache', die Kettenreaktion nimmt jedoch hier ihr Ende, wodurch die Handlungen Chiekos und Yasujiros keine weiteren Auswirkungen mehr auf die Protagonisten der anderen Handlungsstränge, zumindest nicht in der innerdiegetischen Wirklichkeit, nehmen können.

Die Ausführungen haben gezeigt, dass Schuld in einem nach allen Seiten hin offenen System und komplexen Beziehungsgeflecht, wie es die Globalisierung aus unserer Welt gemacht hat und von den episodisch erzählten Filmen gespiegelt wird, nicht mehr eindeutig zuweisbar ist. Katharina Bildhauer fasst das Beobachtete für 21 GRAMS mit einem Wortspiel trefflich zusammen: „Der Schuldige wird Opfer seiner eigenen Schuldgefühle. Die Leidtragende hat den Wunsch, dem Schuldigen Leid zuzufügen. Der Beschenkte verschenkt sein Leben."[280]

Gesellschaftliche Differenzen und Kategorien wie Ober- und Unterschicht erfahren in den Filmen ebenfalls eine Nivellierung. Auch das Geld kann nicht vor dem Schicksal bewahren. Im Moment des Unfalls werden alle Figuren auf dieselbe Ebene gebracht, die Positionen werden danach neu verteilt. In AMORES PERROS werden die herrschenden sozialen Verhältnisse zur Gänze umgedreht. Valeria, die reichste und gesellschaftlich am höchsten stehende Figur, verliert ihr Bein und damit ihre gesamte Identität, die sich allein über Schönheit definierte. Chivo hingegen, der auf der sozialen Skala ganz unten angesiedelt war, verliert zwar seine Hunde, allerdings hat er in Cofi einen neuen, treuen Gefährten gefunden, wie das Schlussbild suggeriert. Durch Cofi

---

[279] Ebd., S. 283.
[280] BILDHAUER, K.: *Drehbuch reloaded*, a.a.O., S. 180.

ist El Chivo auch zu einem besseren Mensch geworden, da er das große Leid, das aus dem Morden resultiert, am eigenen Leib zu spüren bekommen hat. Das Schlussbild lässt sich als Zitat der berühmten letzten Einstellung[281] aus Chaplins Film MODERN TIMES (Charlie Chaplin, 1936) lesen und gibt dem Film AMORES PERROS einen Hauch von Optimismus, womit die Geschichte von El Chivo einen weitaus positiveren Ausgang nimmt als die von Valeria oder Octavio.

In der Figurenkonstellation von 21 GRAMS herrscht von Anfang an keine starke soziale Nivellierung vor. Jedoch lassen sich anhand der Berufe, Kleidung und Wohnsituation leichte Abstufungen erkennen, die Paul als gesellschaftlich best-positionierten Protagonisten ausweisen, gefolgt von Cristina und danach von Jack. Auch hier kommt es zu einer gewissen Neuverteilung der Positionen. Auch wenn Paul zunächst als Gewinner dazustehen scheint, da ihm durch die Transplantation ein Weiterleben ermöglicht zu werden scheint, stirbt er letztendlich, wohingegen Jack seine durch den Unfall ausgelöste moralische Krise am Ende des Films überwunden zu haben scheint, wie das gegenseitige Lächeln in einer der letzten Einstellungen suggeriert.

In BABEL ist diese Umkehrung nicht festzustellen. Die Kettenreaktion verbindet zwar alle Figuren untereinander und lässt sie alle gleichermaßen Schmerz und Leid erfahren, jedoch stehen, wie Roman Mauer treffend bemerkt, „am Ende gerade die unterprivilegierten Kulturen als Leidtragende da. […] Eine bittere Ironie: Die so genannte Erste Welt wird durch die Dritte Welt glücklich gestoßen."[282] Chieko und Yasujiro finden ebenso wieder zueinander und beenden damit das zerrüttete Verhältnis, das zwischen ihnen herrschte, wie auch Richard und Susan, die seit dem Tod ihres Kindes voneinander entfremdet lebten. Die gesellschaftlichen Differenzen werden in diesem Fall nicht gänzlich aufgehoben.

In 21 GRAMS lässt sich die Auflösung von menschlichen Denkkategorien noch an einem weiteren Beispiel belegen. Wie Anna Prassler in ihrer Studie nachweisen kann, wird die Zirkularität durch das vollkommene Aufbrechen der Zeitachse und die Negation jeglicher linearer Zeitlichkeit in 21 GRAMS zum narrativen Prinzip erhoben.

---

[281] Vgl. ROTHER, Rainer: „Modern Times", in: KOEBNER, Thomas (Hrsg.): *Filmklassiker*, Bd. I, 1913-1946, Stuttgart: Reclam 2002, 4. durchgesehene und erweiterte Auflage, S. 344-349, hier: S. 346/47.

[282] MAUER, R.: „Malstrom der Bilder.", a.a.O., S. 10.

Dadurch wird die traditionelle, unserem Zeitempfinden inhärente Unterscheidung von Vergangenheit, Gegenwart und Zukunft zugunsten einer „reinen Gegenwärtigkeit"[283] aufgehoben. „Wo gemäß einer zirkulären Zeitlichkeit Vergangenheit und Zukunft in eins gehen, erscheint die Rede von Flashback und Flashforward jeder Sinnfälligkeit zu entbehren, muss die Differenz zwischen ‚Vergangenheit' und ‚Zukunft' revidiert werden."[284] In eine ähnliche Richtung argumentiert auch Katharina Bildhauer, wenn sie schreibt:

> Der Rezipient weiß nicht, ob Paul vor oder nach dem Unfall auf der Intensivstation liegt, was Pauls Leben gerettet hat oder was es gefährdet. Ebenso wenig weiß er, ob eine Szene, in der Cristina Drogen nimmt oder Jack trinkt, ihrer überstandenen Vergangenheit angehört oder einen Ausblick in die Zukunft darstellt. Die Figuren waren in der Vergangenheit in ihren persönlichen Höllen gefangen, konnten sich befreien und ein gewisses Gleichgewicht in ihrem Leben herstellen, um sich dann an einem noch tieferen Punkt wiederzufinden. Die Unsicherheit des Rezipienten, an welcher Stelle in der Kette der Ereignisse er sich befindet, und die damit zusammenhängende Frage, ob die Figuren erlöst oder verdammt sind, verleiht 21 Grams auf einer Metaebene den Eindruck, dass beide Entwicklungen instabil sind und der Kampf um Gleichgewicht und seelischen Frieden immer weiter geht.[285]

Gut daran anschließen lässt sich der Gedanke von Daniel Charles in seinen Ausführungen zur POETIK DER GLEICHZEITIGKEIT, wenn er schreibt: „[Zeit] erscheint als absoluter Augenblick, in welchem sich die Gegenteile vergleichzeitigen, indem sie sich vereinen."[286]

Zusammenfassend lässt sich festhalten, dass die episodische Erzählstruktur von AMORES PERROS, 21 GRAMS und BABEL jeglicher Schwarz-Weiß-Malerei eine eindeutige Absage erteilt. Erreicht wird dies durch eine Aufhebung der Differenzen zwischen scheinbar Gegensätzlichem, die eine eindeutige Einstufung in Kategorien negiert. Dadurch wird die Mehrdimensionalität und damit auch die Menschlichkeit der Figuren betont. Margrit Tröhler bringt dies mit der Struktur von Filmen mit pluralen

---

[283] PRASSLER, A.: *Narration im neueren Hollywoodfilm*, a.a.O., S. 133.
[284] Ebd.
[285] BILDHAUER, K.: *Drehbuch reloaded*, a.a.O., S. 182.
[286] CHARLES, Daniel: *Poetik der Gleichzeitigkeit*. Vortrag im Kunstmuseum Bern 1. März 1987, Bern 1987, S. 15.

Figurenkonstellationen in Verbindung: „An der Wechselfolge sind jedoch immer mehr als zwei Elemente beteiligt [...]: So wird ein dualistisches Prinzip in ein zirkuläres, differenzielles umgewandelt. (Eine dichotomische oder gar manichäische Werteverteilung erscheint also bereits auf struktureller Ebene beinahe ausgeschlossen)."[287] Somit bestätigt auch sie etwas, was im Laufe dieser Untersuchung immer wieder angesprochen wurde: die Korrespondenz zwischen Form und Inhalt der Filme. Oder anders: die Form, die bereits für sich alleine schon Inhalt ist. Auch kann man das Zitat wieder mit dem Modell des Rhizoms in Verbindung bringen: Allein durch die Vielzahl der Handlungsstränge in episodisch erzählten Filmen ist ein dualistisches Prinzip, wie es eine Baumstruktur vorführt, bereits formell ausgeschlossen.

Das hier für Iñárritus Trilogie Beobachtete lässt sich auch auf andere episodisch erzählte Filme ausweiten. Am Beispiel von Steven Soderberghs TRAFFIC lässt sich dies besonders gut belegen. Die enge Verknüpfung und gegenseitige Abhängigkeit der Erzählstränge in diesem Film über die Welt der Drogen führt dazu, dass alle Figuren, obgleich sie sich auf einer Seite in dem Drogenkrieg sehen, untrennbar mit den anderen Mächten verbunden und von ihnen durchdrungen sind. Das Beispiel des Richters Robert Wakefield verdeutlicht diese Untrennbarkeit von anderen am besten: Er, der ernsthaft bemüht ist, aktiv gegen die „Macht des Kartells" vorzugehen, wird durch seine Tochter, die ja sein eigen Fleisch und Blut ist, und dadurch wie auch durch seine Liebe zu ihr untrennbar mit ihm verbunden ist, genau auf die Seite gezogen, die er eigentlich bekämpft. Jan Distelmeyers Interpretation von TRAFFIC beschreibt für diesen Film diese unmögliche Zuschreibung zu einer Seite:

War die traditionelle Oppositionsbildung des Kriminalfilms zwischen Ermittlern und Kriminellen in den siebziger Jahren durch Helden wie Don Siegels *Dirty Harry* (1971) in Frage gestellt worden, weil die brutalen Methoden beider Seiten sich ähnelten, wird in *Traffic* das simple Gut/Böse-Schema auf andere Weise desavouiert. Hier wird die Verzahnung des Politischen mit dem Privaten verfolgt, bis ein schier unauflösbares Netz entsteht, in dessen Zentrum Drogenhandel und Polizeiarbeit stehen. Alles hängt miteinander zusammen, und die Konsequenz, mit der dieses Prinzip auf die Farb- und Lichtdramaturgie übergreift, zeichnet *Traffic* aus: In der klug komponierten Einstellung, in der sich auf dem mexikanisch-amerikanischen Grenzstein bei San Ysidro alle drei Episoden- und Gewebe-Farben

---

[287] TRÖHLER, M.: *Offene Welten ohne Helden*, a.a.O., S. 152.

spiegeln – weiß, blau und gelb auf einem Fleck – kommt dieses Programm buchstäblich auf den Punkt.[288]

Wie Katharina Bildhauer treffend bemerkt, ist TRAFFIC nicht die einzige Erzählung von Stephen Gaghan, in der diese Aufhebung von Binäroppositionen zum Tragen kommt: „Eine simple Einteilung in Gut und Böse kann den Figuren auch in einem weiteren Drehbuch Gaghans, in SYRIANA, kaum gerecht werden."[289]

Diese Beobachtungen ließen sich an weiteren Beispielen episodisch erzählter Filme überprüfen. Ich denke jedoch, dass meine Argumentation deutlich geworden ist. Es scheint tatsächlich eine Konsequenz aus der episodischen Form zu sein, die uns vor Augen führt, dass unsere festgefahrenen Denkkategorien nicht mit der Realität übereinstimmen. So könnten diese Filme auch als Aufruf zur Empathie sowie zum Überdenken unserer Meinungen von anderen Menschen interpretiert werden.

---

[288] DISTELMEYER, Jan: „Traffic", in: HICKETHIER, Knut (Hrsg.) unter Mitarbeit von Katja Schumann: *Kriminalfilm*, Stuttgart: Reclam, 2005, S. 340-344, S. 344.

[289] BILDHAUER, K.: *Drehbuch reloaded*, a.a.O., S. 170.

F. Zusammenfassung und Ausblick

Zum Schluss möchte ich noch einmal die wichtigsten Ergebnisse der Untersuchung überblickartig zusammenfassen, um danach einige Fragen zu stellen, die im Rahmen dieser Studie leider nicht behandelt werden konnten.

Kapitel B hat gezeigt, dass der Exkurs in die Literatur durchaus lohnenswert war, auch wenn keine Beschäftigung von Seiten der Erzähltheorie mit dem Phänomen des Episodischen zu beobachten war. Viele der Ausformungen episodischen Erzählens waren bereits in literarischer Form zu finden, bevor sich der Film diese Erzählform zu eigen gemacht hat. Auffällig ist hierbei auch, dass die Erzähltechnik von MAN-HATTAN TRANSFER, einem der ersten bekannten Romane, der sich dem panoramatischen Erzählen verschrieben hat, sogar mit filmischen Attributen beschrieben wird. Häufige Erwähnung findet „das Nebeneinander im Nacheinander", sowohl in der Literatur als auch im Film. Während Film und Literatur gemeinsam ist, dass sie als vorwiegend narrative Ausdrucksformen der Linearität der Erzählung scheinbar nicht entkommen können – im Gegensatz etwa zur Musik – haben einige filmische Experimente Möglichkeiten aufgezeigt, diese charakteristische Gleichzeitigkeit auch visuell darzustellen. Paradigmatisch hierfür ist Mike Figgis' TIME CODE zu nennen, der durch das den gesamten Film beibehaltene Splitscreen-Verfahren alle vier Episoden im wahrsten Sinne des Wortes nebeneinander und gleichzeitig zeigt. Dieses Beispiel macht deutlich, dass der Film Verfahren der Literatur nicht nur adaptiert, sondern sie auch dank der Besonderheiten des Mediums weiterentwickelt. Weitere Charakteristika, die zunächst für die Literatur und später auch für den Film beschrieben wurden, sind die Tendenz zum Realismus, die durch die panoramatische Erzählweise entsteht, die Bedeutung des Zufalls sowie die Klammern, die das verstreute Geschehen auf unterschiedlichste Art und Weise zusammenhalten.

Nach diesem Exkurs in die Literatur wurden die wichtigsten Charakteristika des Episodischen, die von bisherigen Autoren genannt wurden, vorgestellt, um im Kapitel D mit denen der hier untersuchten Trilogie abgeglichen zu werden. Die Darstellung der wenigen Forschungsbeiträge zum Thema der narrativen Experimente im zeitgenössischen Film hat gezeigt, dass es noch keine Einheitlichkeit bzgl. der Terminologie und Definition des hier untersuchten Phänomens gibt. Deshalb wurde eine Definition des Episodischen im Kino vorgeschlagen, um Klarheit über den Forschungsgegenstand zu schaffen. Diese stellt vor allem die Vielzahl der Handlungsstränge mit unterschiedlichen Protagonisten in den Vordergrund, von denen keiner verstärkt herausgestellt wird, was als Voraussetzung für das Etikett „episodisch" gelten kann.

Ebenso wenig wie eine einheitliche Definition ist eine übereinstimmende Klassifizierung der verschiedenen Filme zu finden. So wurde eine Kategorisierung des Episodischen im Kino versucht. Diese reicht von der Episode als Einschub oder Nebenhandlung über Erzählungen, die verschiedene Einzelgeschichten durch eine Rahmenhandlung zusammenhalten bis zu sogenannten Episodenfilmen, die verschiedene Kurzfilme nur durch ein gemeinsames Thema verbinden. Daneben gibt es den Querschnittsfilm, Filme, die eine Reigenstruktur aufzeigen, wobei die Handlung von einem Charakter zum nächsten springt oder episodisch erzählte Filme, in denen die verschiedenen Handlungsstränge zur Gänze miteinander verwoben sind.

Das Kapitel C hat zeigen können, dass es eine deutliche Bemühung seitens der Filmemacher gegeben hat, die einzelnen Geschichten der Trilogie visuell und akustisch voneinander abzugrenzen. Dadurch werden zunächst eine Eigenständigkeit und ein In-Sich-Abgeschlossen-Sein der einzelnen Handlungsstränge suggeriert. Demgegenüber finden sich auch filmstilistische Gestaltungsmittel, die auf der formalen Ebene die Geschichten zusammenhalten. Diese Funktion übernimmt beispielsweise die von Gustavo Santaolalla für alle drei Teile der Trilogie komponierte Musik, sowie die Montage, die den Übergang zwischen den einzelnen Episoden verschleiert. Diese Mittel suggerieren bereits auf der Ausdrucksebene diese Verbindung, die sich für den Zuschauer erst im Laufe des Films herauskristallisiert. Da diese Tendenz der Vereinigung jedoch weniger stark ist als die der Trennung, ist die Wirkung, die sich einstellt, wenn der Zuschauer versteht, dass diese scheinbare Isolation eine Illusion ist und in Wirklichkeit eine wechselseitige Beeinflussung sowie eine große Zahl an Gemeinsamkeiten besteht, umso stärker. Dies zeigt einerseits, wie stark wir heutzutage miteinander verbunden und damit voneinander abhängig sind. Andererseits wird auch deutlich, dass wir bei all unserer scheinbaren Individualität und Unterschiedlichkeit doch alle Menschen sind und zutiefst humane Empfindungen wie Trauer, Liebe und Schuld miteinander teilen.

Im Kapitel D wurde zunächst die Struktur der einzelnen Filme untersucht. Dabei stellte sich heraus, dass die drei die Trilogie bildenden Filme zwar alle der Kategorie der episodisch erzählten Filme zuzurechnen sind, dass man sie jedoch noch unterschiedlichen Untergruppen zuordnen kann. AMORES PERROS entspricht dabei dem Muster des von Ramírez Berg angeführten *Hube and Spoke-Plot*, bei dem sich die Handlungsstränge in einem entscheidenden Punkt kreuzen. Bei 21 GRAMS hingegen sind die verschiedenen Geschichten untrennbar miteinander verwoben, sodass nicht immer ein bestimmter Handlungsstrang einem bestimmten Protagonisten zugeordnet werden kann. BABEL hingegen nimmt eine Zwischenstellung zwischen dem Episodenfilm und dem episodisch erzählten Film ein, da die einzelnen Geschichten räumlich, formal sowie dramaturgisch beinahe vollständig in sich abgeschlossen sind. Dadurch jedoch, dass sie trotzdem indirekt aufeinander Einfluss nehmen, ist eine Definition als Episodenfilm ausgeschlossen. Durch die starke Trennung ist er jedoch auch untypisch für episodisch erzählte Filme. Das zeigt, dass alle hier vorgeschlagenen Modelle immer nur Annäherungen an die durch die Filme geschaffene Realität sein können. Iñárritu nutzt die gesamte Bandbreite der episodischen Erzählung für seine Trilogie aus.

Die Überprüfung der Thesen zum Episodischen, die von den Autoren, die sich mit dem Phänomen beschäftigt haben, aufgestellt worden sind, hat ergeben, dass viele, allerdings nicht alle der von ihnen genannten Merkmale auf die drei Langspielfilme Iñárritus zutreffen. Es lässt sich feststellen, dass episodisches Erzählen im Film mittlerweile so ausdifferenziert ist, dass sich keine für alle Filme geltende Liste von Charakteristika aufstellen lässt. Einige wenige, die auf alle episodischen Filme zutreffen, lassen sich jedoch benennen, da sie Voraussetzung dafür sind, dass die Filme überhaupt erst als solche klassifiziert werden können.

Von vielen Autoren hervorgehoben wird die Beobachtung, dass auch episodisch erzählte Filme, ebenso wie andere Erzählexperimente, immer auch ein Mindestmaß an klassischen Elementen benötigen, um als Erzählung zu funktionieren. In der hier untersuchten Trilogie hat sich in der Analyse ergeben, dass das oft beschworene Fehlen der Kausalität für diese Filme nicht zu beobachten ist. Des Weiteren werden auch die Ebenen des Raums und der Zeit weitestgehend realistisch bzw. chronologisch behandelt. Auch in den Figuren gibt es keine Brüche, und sie werden dem Zuschauer als Identifikationsfiguren zugänglich gemacht. Auch ist am Anfang und Ende der Filme eine exponierende bzw. schließende Tendenz zu beobachten. Damit zusammenhän-

gend lässt sich auch feststellen, dass die emotionalen Höhepunkte sowie die Auflösung bzw. das vollständige Verstehen der Handlung gegen Ende des Films situiert
sind. Auch wird in den Filmen nicht mit den verschiedenen Realitäts-, Bewusstseins-
oder Gattungsebenen gespielt.

Das Kapitel E hat zeigen können, dass episodisch erzählte Filme durchaus als „Kinder ihrer Zeit" zu betrachten sind. Nicht nur Alltagserfahrungen wie der Umgang mit
dem PC und das Schauen von *Soap Operas* scheinen zur veränderten Wahrnehmung
beizutragen, und ursächlich für die vermehrte Produktion episodisch erzählter Filme
seit den 90er Jahren, auch im Mainstreambereich, zu sein. Die Erfahrung von Kontingenz, die u.a. aus den veränderten Lebenswegen resultiert, kann ebenfalls als Einflussquelle herangezogen werden. Das episodische Erzählen ist zudem eingebettet in
eine weiter gefasste Strömung im aktuellen Kino. Eine Zunahme von Erzählexperimenten im Kino, zu denen unsere Filme gehören, lässt sich verstärkt seit den 1990er
Jahren nachweisen. Die Öffnung der Zuschauer für neue Formen des Erzählens ist
daran festzustellen, dass diese, vom klassischen Erzählen abweichenden Filme vermehrt im Mainstream-Kino zu finden sind.

In der Sicht auf die Welt, die die Trilogie präsentiert, ist der Einfluss populär gewor-
dener Theorien, wie der des Schmetterlingseffektes und der Globalisierung nachzu-
weisen. Die Tatsache, dass in einer globalisierten Welt alles mit allem vernetzt ist,
und jede unserer Aktionen viele andere Geschehnisse beeinflussen kann, findet gro-
ßen Widerhall in den Filmen. Weiterhin lässt sich eine Veränderung der Perspektive
im Gegensatz zum klassischen Erzählkino konstatieren, das in der Regel das Geschehen aus einer Perspektive widergibt. Die Film-Trilogie Iñárritus weist dagegen durch
die Vielzahl der Handlungsstränge eine polyfokalisierte Erzählhaltung auf, die eine
Relativierung der Meinung zu einem bestimmten Sachverhalt zur Folge hat. In enger
Verbindung damit steht auch die Auflösung von Binäroppositionen, die zu beobachten ist. Täter und Opfer, Gut und Böse sind nicht mehr eindeutig zuzuordnen, und
auch gesellschaftliche Unterschiede werden aufgebrochen und relativiert. Die Grund-
fragen der menschlichen Existenz wie Schuld, Liebe, Sühne, Reue, Zufall, Schicksal,
Schmerz, Tod und Sinn machen keinen Halt vor Klassen oder Geld. Diese Tendenzen
lassen sich auch für viele andere episodische Filme bestätigen.

Gerade dieses letzte Kapitel hat auch die anfangs aufgeworfene Frage nach Sinn und Zweck des episodischen Erzählens hinreichend beantworten können. Ich denke, es ist klar geworden, dass diese Erzählform weit über den modischen Tick, der ihr bisweilen vorgeworfen wurde, hinausgeht und Aussagen und Ansichten ermöglicht, die in einer klassischen, monofokalisierten Erzählweise nicht oder nur sehr schwer auszudrücken wären.

Die vorliegende Studie hat zeigen können, dass das episodische Kino sehr facettenreich und interessant ist, sowie immer noch nicht vollständig erschlossen. Es bleibt somit noch ein spannender Weg, den immer neue und anders erzählte Filme episodischen Charakters hoffentlich noch in die Länge ziehen werden. Interessant wäre es zum Beispiel, die bisherigen Forschungsergebnisse in anderen Filmkulturen zu hinterfragen. Hierbei könnte man Übereinstimmungen und Unterschiede herausarbeiten. Man könnte auch überprüfen, ob der Anspruch auf Universalität, den wir für die untersuchten Filme feststellen konnten, auch dort gelten kann, oder ob episodische Filme anderer Kulturkreise vielleicht ganz andere Realitätsentwürfe zeichnen. Ein weiterer interessanter Forschungsgegenstand wäre die hier absichtlich hintangestellte Rezeptionsanalyse episodisch erzählter Filme. Interessant wäre es zu untersuchen, vielleicht auch mit Hilfe von Erkenntnissen aus der Kognitionspsychologie, wie die Zuschauer mit der ungewohnten Seherfahrung umgehen, mit welchen Figuren sie verstärkt sympathisieren und auf welche Aspekte ihr Augenmerk fällt, gerade auch bei Filmen, die sich bewusst an der Grenze zur Reizüberflutung bewegen.

G. Verzeichnis der verwendeten Quellen

I. Primärquellen

1. Verzeichnis der erwähnten Filme

21 GRAMS (USA 2003)

Regie: Alejandro González Iñarritu

Drehbuch: Guillermo Arriaga

5x2 (FR 2004)

Regie: François Ozon

Drehbuch: François Ozon, Emmanuèle Bernheim

11:14 (USA, CAN 2003)

Regie: Greg Marcks

Drehbuch: Greg Marcks

A BEAUTIFUL MIND (USA 1999)

Regie: Ron Howard

Drehbuch: Akiva Goldsman

À LA FOLIE...PAS DU TOUT (F 2002)

Regie: Laetitia Colombani

Drehbuch: Laetitia Colombani, Caroline Thivel

AMORES PERROS (MEX 2000)

Regie: Alejandro González Iñarritu

Drehbuch: Guillermo Arriaga

AVATAR (USA, GB 2009)

Regie: James Cameron

Drehbuch: James Cameron

BABEL (F, USA, MEX 2006)

Regie: Alejandro González Iñarritu

Drehbuch: Guillermo Arriaga

BERLIN – DIE SYMPHONIE DER GROßSTADT (D 1927)

Regie: Walter Ruttmann

Drehbuch: Karl Freund, Walter Ruttmann

BLACK HAWK DOWN (USA 2001)

Regie: Ridley Scott

Drehbuch: Ken Nolan

BLOWUP (GB, I, USA 1966)

Regie: Michelangelo Antonioni

Drehbuch: Michelangelo Antonioni, Tonino Guerra

BONNIE AND CLYDE (USA 1967)

Regie: Arthur Penn

Drehbuch: David Newman, Robert Benton, Robert Towne

CAPE OF GOOD HOPE (SA, USA 2004)

Regie: Mark Bamford

Drehbuch: Mark Bamford, Suzanne Kay Bamford

CHACUN SON CINÉMA OU CE PETIT COUP AU COEUR QUAND LA LUMIÈRE S'ÉTEINT ET QUE LE FILM COMMENCE (F 2007)

Regie und Drehbuch:

Theodoros Angelopoulos (TROIS MINUTES)

Olivier Assayas (RECRUDESCENCE)

Bille August (THE LAST DATING SHOW)

Jane Campion (THE LADY BUG)

Youssef Chahine (47 ANS APRES)

Kaige Chen (ZHANXIOU VILLAGE)

Michael Cimino (NO TRANSLATION NEEDED)

Ethan Coen (WORLD CINEMA)

Joel Coen (WORLD CINEMA)

David Cronenberg (AT THE SUICIDE OF THE LAST JEW IN THE WORLD IN THE LAST CINEMA IN THE WORLD)

Jean-Pierre Dardenne (DANS L'OBSCURITE)

Luc Dardenne (DANS L'OBSCURITE)

Manoel de Oliveira (RENCONTRE UNIQUE)

Raymond Depardon (CINEMA D'ETE)

Atom Egoyan (ARTAUD DOUBLE BILL)

Amos Gitai (LE DIBBOUK DE HAIFA)

Alejandro González Iñárritu (ANNA)

Hsiao-hsien Hou (THE ELECTRIC PRINCESS HOUSE)

Aki Kaurismäki (LA FONDERIE)

Abbas Kiarostami (WHERE IS MY ROMEO?)

Takeshi Kitano (ONE FINE DAY)

Andrey Konchalovskiy (DANS LE NOIR)

Claude Lelouch (CINEMA DE BOULEVARD)

Ken Loach (HAPPY ENDING)

David Lynch (ABSURDA) (special edition)

Nanni Moretti (DIARO DI UNO SPETTATORE)

Roman Polanski (CINEMA EROTIQUE)

Raoul Ruiz (LE DON)

Walter Salles (A 8 944 KM DE CANNES)

Elia Suleiman (IRTEBAK)

Ming-liang Tsai (IT'S A DREAM)

Gus Van Sant (FIRST KISS)

Lars von Trier (OCCUPATIONS)

Wim Wenders (WAR IN PEACE)

Kar Wai Wong (I TRAVELLED 9000 KM TO GIVE IT TO YOU)

Yimou Zhang (EN REGARDANT LE FILM)

CRIMES AND MISDEMEANORS (USA 1989)

Regie: Woody Allen

Drehbuch: Woody Allen

CHUNGKING EXPRESS (Hong Kong 1994).

Regie: Wong Kar-Wai

Drehbuch: Wong Kar Wai

CRASH (USA, D 2004)

Regie: Paul Haggis

Drehbuch: Paul Haggis, Robert Moresco

DIE ABENTEUER EINES ZEHNMARKSCHEINES (D, USA 1926)

Regie: Berthold Viertel

Drehbuch: Béla Balázs

DIE ROTE VIOLINE (CAN, I, GB 1998)

Regie: François Girard

Drehbuch: Don McKellar, François Girard

FIGHT CLUB (USA, D 1999)

Regie: David Fincher

Drehbuch: Jim Uhls

GRAND HOTEL (USA 1932)

Regie: Edmund Goulding

Drehbuch: William A. Drake, Béla Balázs

IL Y A DES JOURS... ET DES LUNES (F 1990)

Regie: Claude Lelouch

Drehbuch: Valérie Bonnier, Claude Lelouch, Marc Rosenbaum

IM LAUF DER ZEIT (BRD 1976)

Regie: Wim Wenders

Drehbuch: Wim Wenders

IN JENEN TAGEN (D 1947)

Regie: Helmut Käutner

Drehbuch: Helmut Käutner, Ernst Schnabel

INTOLERANCE (USA 1916)

Regie: D.W. Griffith

Drehbuch: D.W. Griffith

KILL BILL VOL. 1 (USA 2003)

Regie: Quentin Tarantino

Drehbuch: Quentin Tarantino, Uma Thurman

KILL BILL VOL. 2 (USA 2004)

Regie: Quentin Tarantino

Drehbuch: Quentin Tarantino, Uma Thurman

LA RONDE (F 1950)

Regie: Max Ophüls

Drehbuch: Jacques Natanson, Max Ophüls, Jacques Natanson (Dialog)

LE FANTÔME DE LA LIBERTÉ (I, F 1974)

Regie: Luis Buñuel

Drehbuch: Luis Buñuel, Jean-Claude Carrière

LENINGRAD COWBOYS GO AMERICA (FIN, SCHW 1989)

Regie: Aki Kaurismäki

Drehbuch: Aki Kaurismäki

LOLA RENNT (D 1998)
Regie: Tom Tykwer
Drehbuch: Tom Tykwer

LOST HIGHWAY (USA, 1997)
Regisseur: David Lynch
Drehbuch: David Lynch und Barry Gifford

LUCÍA Y EL SEXO (SP, F 2001)
Regie: Julio Medem
Drehbuch: Julio Medem

MAGNOLIA (USA 1999)
Regie: Paul Thomas Andersson
Drehbuch: Paul Thomas Anderson

MEMENTO (USA 2000)
Regie: Christopher Nolan
Drehbuch: Christopher Nolan

MODERN TIMES (USA 1936)
Regie: Charles Chaplin
Drehbuch: Charles Chaplin

MÜNCHHAUSEN (D 1943)

Regie: Josef von Baky

Drehbuch: Erich Kästner (als Berthold Bürger), Rudolph Erich Raspe

MYSTERY TRAIN (USA, JAP 1989)

Regie: Jim Jarmusch

Drehbuch: Jim Jarmusch

NACHTGESTALTEN (D 1999)

Regie: Andreas Dresen

Drehbuch: Andreas Dresen

NEW YORK STORIES (USA 1989)

Regie: Woody Allen, Francis Ford Coppola, Martin Scorsese

Drehbuch:

Woody Allen   (OEDIPUS WRECKS)

Francis Ford Coppola, Sofia Coppola (LIFE WITHOUT ZOE)

Richard Price (LIFE LESSONS)

NIGHT ON EARTH (F, GB, D, USA, JAP 1991)

Regie: Jim Jarmusch

Drehbuch: Jim Jarmusch

NINE LIVES (USA 2005)

Regie: Rodrigo García

Drehbuch: Rodrigo García

OCEAN'S ELEVEN (USA 2001)

Regie: Steven Soderbergh

Drehbuch: Ted Griffin

OCEAN'S THIRTEEN (USA 2004)

Regie: Steven Soderbergh

Drehbuch: Brian Koppelman, David Levien

OCEAN'S TWELVE (USA 2004)

Regie: Steven Soderbergh

Drehbuch: George Nolfi, George Clayton Johnson (Figuren), Jack Golden Russell (Figuren)

PARIS JE T'AIME (F, LIE, CH 2006)

Regie:

Olivier Assayas (QUARTIER DES ENFANTS ROUGES)

Frédéric Auburtin (QUARTIER LATIN; Übergänge)

Emmanuel Benbihy (Übergänge)

Gurinder Chadha (QUAIS DE SEINE)

Sylvain Chomet (TOUR EIFFEL)

Ethan Coen, Joel Coen (TUILERIES)

Isabel Coixet (BASTILLE)

Wes Craven (PÈRE-LACHAISE)

Alfonso Cuarón (PARC MONCEAU)

Gérard Depardieu (QUARTIER LATIN)

Christopher Doyle (PORTE DE CHOISY)

Richard LaGravenese (PIGALLE)

Vincenzo Natali (QUARTIER DE LA MADELEINE)

Alexander Payne (14E ARRONDISSEMENT)

Bruno Podalydès (MONTMARTRE)

Walter Salles, Daniela Thomas (LOIN DU 16E)

Oliver Schmitz (PLACE DES FÊTES)

Nobuhiro Suwa (PLACE DES VICTOIRES)

Tom Tykwer (FAUBOURG SAINT-DENIS)

Gus Van Sant (LE MARAIS)

Drehbuch:

Tristan Carné (Idee)

Emmanuel Benbihy (Konzept und Übergänge)

Bruno Podalydès (MONTMARTRE)

Paul Mayeda Berges, Gurinder Chadha (QUAIS DE SEINE)

Gus Van Sant (LE MARAIS)

Ethan Coen, Joel Coen (TUILERIES)

Walter Salles, Daniela Thomas (LOIN DU 16E)

Christopher Doyle, Gabrielle Keng, Rain Li (PORTE DE CHOISY)

Isabel Coixet (BASTILLE)

Nobuhiro Suwa (PLACE DES VICTOIRES)

Sylvain Chomet (TOUR EIFFEL)

Alfonso Cuarón (PARC MONCEAU)

Olivier Assayas (QUARTIER DES ENFANTS ROUGES)

Oliver Schmitz (PLACE DES FÊTES)

Richard LaGravenese (PIGALLE)

Vincenzo Natali (QUARTIER DE LA MADELEINE)

Wes Craven (PÈRE-LACHAISE)

Tom Tykwer (FAUBOURG SAINT-DENIS)

Gena Rowlands (QUARTIER LATIN)

Nadine Eïd, Alexander Payne (14E ARRONDISSEMENT)

PULP FICTION (USA 1994)

Regie: Quentin Tarantino

Drehbuch: Quentin Tarantino, Roger Avary

QUÉ TAN LEJOS (ECU 2006)

Regie: Tania Hermida

Drehbuch: Tania Hermida

RASHOMON (JAP 1950)

Regie: Akira Kurosawa

Drehbuch: Ryunosuke Akutagawa, Akira Kurosawa, Shinobu Hashimoto

SHORT CUTS (USA 1993)

Regie: Robert Altman

Drehbuch: Robert Altman, Frank Barhydt

SIWORAE (KOR 2000)

Regie: Hyun-seung Lee

Drehbuch: Eun-Jeong Kim, Tae-Yeon Won (Briefe), Ji-na Yeo

SLACKER (USA, 1991)

Regie: Richard Linklater

Drehbuch: Richard Linklater

SLIDING DOORS (GB, USA 1998)

Regie: Peter Howitt

Drehbuch: Peter Howitt

SWIMMINGPOOL (F, GB 2003)

Regie: François Ozon

Drehbuch: François Ozon, Emmanuèle Bernheim

SYRIANA (USA 2005)

Regie: Stephen Gaghan

Drehbuch: Stephen Gaghan

THE ASPHALT JUNGLE (USA 1950)

Regie: John Huston

Drehbuch: Ben Maddow, John Huston

THE FALL (USA, IND 2006)

Regie: Tarsem Singh

Drehbuch: Dan Gilroy, Nico Soultanakis, Tarsem Singh

THE RED SHOES (GB 1948).

Regie: Michael Powell, Emeric Pressburger

Drehbuch: Emeric Pressburger, Michael Powell, Keith Winter (zusätzliche Dialoge)

THE STRAIGHT STORY (F, GB, USA 1999)

Regie: David Lynch

Drehbuch: John Roach, Mary Sweeney

THE THREE BURIALS OF MELQUÍADES ESTRADA (USA, 2005)

Regie: Tommy Lee Jones

Drehbuch: Guillermo Arriaga

THE USUAL SUSPECTS (USA, D 1995)

Regie: Bryan Singer

Drehbuch: Christopher McQuarrie

TRAFFIC (D, USA 2000)

Regie: Steven Soderbergh

Drehbuch: Stephen Gaghan

2. Primärliteratur

ANONYM: *Tausendundeine Nacht*: nach der ältesten arabischen Handschrift in der Ausgabe von Muhsin Mahdi, übersetzt von Claudia Ott, München: Beck, 2004[4].

ANONYM: *Lazarillo de Tormes*, hrsg. von Francisco Rico, Madrid: Cátedra 1987.

BOCCACCIO, Giovanni: *Decameron*, herausgegeben von Vittore Branca, Firenze: Accad. della Crusca, 1976.

CERVANTES SAAVEDRA, Miguel de: *Don Quijote de la Mancha*, Madrid: Real Academia Española, 2004.

CERVANTES SAAVEDRA, Miguel de: *Der sinnreiche Junker don Quijote von der Mancha*, aus dem Span. von Ludwig Braunfels. Mit Ill. von Grandville. Mit einem Nachw. von Fritz Martini und Anm. der Braunfelsschen Übers., Düsseldorf; Zürich: Artemis und Winkler, 2000[9].

DOS PASSOS, John: *Manhattan Transfer*, 1925.

II. Sekundärquellen

ARISTOTELES: *Poetik*, übersetzt und herausgegeben von Manfred Fuhrmann, Stuttgart: Reclam, 2005.

BAINES, Anthony: *Lexikon der Musikinstrumente*, Stuttgart: Metzler [u.a.], 2005.

BALÁZS, Béla: *Der Geist des Films*, Frankfurt am Main: Suhrkamp 2001.

BAZIN, André: *Was ist Film?*, Berlin: Alexander Verlag 2004.

BILDHAUER, Katharina: *Drehbuch reloaded. Erzählen im Kino des 21. Jahrhunderts*, Konstanz: UVK, 2007.

BOOKER, Keith M.: *Postmodern Hollywood. What's new in film and why it makes us feel so strange*, Westport, Conn. [u.a.]: Praeger 2007.

BORDWELL, David: *Narration in the Fiction Film*, Nachdruck, Madison: Univ. of Wisconsin Press, 2007.

BORDWELL, David: *The way Hollywood tells it. Story and Style in Modern Movies.* Berkeley/Los Angeles/London: University of California Press 2006.

BRANIGAN, Edward: *Narrative comprehension and film*, London [u.a.]: Routledge 1992.

BREMME, Bettina: *Movie-mientos II: Der lateinamerikanische Film in Zeiten globaler Umbrüche*, Stuttgart: Schmetterling-Verlag 2009.

BREUER, Reinhard (Hrsg.): *Der Flügelschlag des Schmetterlings. Ein neues Weltbild durch die Chaosforschung.* Herne: Heitkamp 1993.

CERRATO, Rafael: *En la frontera con Iñárritu*, Madrid: JC, D.L. 2007.

CHARLES, Daniel: *Poetik der Gleichzeitigkeit.* Vortrag im Kunstmuseum Bern 1. März 1987, Bern 1987.

CHATMAN, Seymour: *Story and discourse: narrative structure in fiction and film,* Ithaca [u.a.]: Cornell Univ. Press, 1980.

CHATMAN, Seymour: *Coming to terms: the rhetoric of narrative in fiction and film,* Ithaca [u.a.] : Cornell Univ. Press, 1990.

CLOAK DILLMAN, Joane: „Magnolia: Masquerading as Soap Opera", in: *Journal of Popular Film and Television,* Fall 2005, 33, 3; Academic Research Library, S. 142-150.

DELEUZE, Gilles/GUATTARI, Félix: *Rhizom,* Berlin: Merve-Verlag 1977.

DISTELMEYER, Jan: „Traffic", in: HICKETHIER, Knut (Hrsg.) unter Mitarbeit von Katja Schumann: *Kriminalfilm,* Stuttgart: Reclam, 2005, S. 340-344.

DRÖSSER, Christoph: „Stimmt's? Das Gewicht der Seele", in: *Die Zeit,* 04.03.2004 Nr.11, online konsultiert auf: http://www.zeit.de/2004/11/Stimmts_21_Gramm am 25.06.2010 um 21:38.

DUISBERG, Carl Ludwig: „Revolution in der Filmkunst. Gedanken über die Macht des Films", in: *KINtop 10. Jahrbuch zur Erforschung des frühen Films,* Frankfurt/Main 2001, S. 95-102.

EBERT, Roger: *21 Grams,* 25.11.2003, konsultiert auf: http://rogerebert. suntimes.com/apps/pbcs.dll/article?AID=/20031125/REVIEWS/41004100/ 1023 am 25.04.2010 um 02:30.

EBERT, Roger: *Amores Perros,* 13.04.2001, konsultiert auf: http://rogerebert. suntimes.com/apps/pbcs.dll/article?AID=/20010413/REVIEWS/104130301/ 1023 am 25.04.2010 um 02:38.

EBERT, Roger: *Babel,* 22.09.2007, konsultiert auf: http://rogerebert.suntimes.com/ apps/pbcs.dll/article?AID=/20070922/REVIEWS08/70922001/1023   am 25.04.2010 um 03:14.

EBERT, Roger: *Cape of Good Hope*, 06.01.2006, konsultiert auf: http://rogerebert.suntimes.com/apps/pbcs.dll/article?AID=/20060105/REVIEWS/60106010/1023 15.03.2010, um 18:37.

Ebert, Roger: *Slacker*, 23.08.1991, konsultiert auf: http://rogerebert.suntimes.com/apps/pbcs.dll/article?AID=/19910823/REVIEWS/108230303/1023,   am 06.07.2010 um 13:39.

EBERT, Roger: *Syriana*, 09.12.2005, konsultiert auf: http://rogerebert.suntimes.com/apps/pbcs.dll/article?AID=/20051208/REVIEWS/51130002/1023   am 15.03.2010 um 18:14.

EDER, Jens: *Dramaturgie des populären Films*, Hamburg: Lit. 2007[3].

EVERSCHOR, Franz: „Babel", in: *Filmdienst* 25/2006, S. 30-31.

FLUDERNIK, Monika: *Erzähltheorie. Eine Einführung*, Darmstadt: WBG 2008[2].

GENETTE, Gérard: *Die Erzählung*, München: Fink 1998[2].

GLOMBITZA, Birgit: „Was vom Menschen übrig bleibt. Schuld, Sühne, Schicksalskollisionen – Alejandro González Iñárritus Melodram ‚21 Gramm'", in: *Die Zeit* Nr. 10 vom 26.02.2004, konsultiert auf http://www.zeit.de/2004/10/21_Gram am 24.03.2010 um 21:04.

GRUBAČIĆ, Slobodan: „Simultane Welt", in: KLOEPFER, Rolf/JANETZKE-DILLNER, Gisela (Hrsg.): *Erzählung und Erzählforschung im 20. Jahrhundert*. Stuttgart [u.a.]: Kohlhammer 1981, S. 477-489.

GREINER, Ulrich: „Teuflische Zufälle. Der Film ‚Babel' des mexikanischen Regisseurs Alejandro Gonzáles [sic!] Iñárritu erzählt von biblischer Verwirrung in der modernen Welt.", in: *Die Zeit*, Nr. 52 vom 20.12.2006, http://www.zeit.de/2006/52/Babel konsultiert am 24.03.2010 um 20:23.

GRIEM, Julika: „Mit den Augen der Kamera? Aspekte filmischer Multiperspektivität in Bryan Singers *The Usual Suspects*, Akiro Kurosawas *Rashomon* und Peter Weirs *The Truman Show*", in: NÜNNING, Vera/NÜNNING, Ansgar (Hrsg.): *Mul-*

tiperspektivisches Erzählen. Zur Theorie und Geschichte der Perspektiven-struktur im englischen Roman des 18. bis 20. Jahrhunderts, Trier: WVT, Wiss. Verl. 2000, S. 307-322.

GROTELÜSCHEN, Frank: *Apfelmann im Abseits. Was wurde aus der Chaostheorie?*, Sendung im Deutschlandfunk am 13.11.2005, konsultiert auf: http://www.dradio.de/dlf/sendungen/wib/437312/ am 03.06.2010, 01:52.

HAGERMAN, María Eladia: *Babel: a film by Alejandro González Inárritu*, Köln [u.a.]: Taschen, 2006.

HEPP, Andreas: „Über Filme, die reisen. Transkulturelle Filmkommunikation in Zeiten der Globalisierung der Medien", in: SCHENK, Irmbert/RÜFFERT, Christine/SCHMID, Karl-Heinz/TEWS, Alfred (Hrsg.): *Experiment Mainstream?: Differenz und Uniformierung im populären Kino*/Bremer Symposium zum Film, Berlin: Bertz + Fischer 2006, S. 141-160.

HICKETHIER, Knut: *Film- und Fernsehanalyse*, Stuttgart: Metzler 2001[3].

HICKETHIER, Knut: „Serie", in: KOEBNER, Thomas (Hrsg.): *Reclams Sachlexikon des Films*, Stuttgart: Reclam 2002, S. 550-552.

HICKETHIER, Knut: *Die Fernsehserie und das Serielle des Fernsehens*, Lüneburg: Faulstich 1991.

HSU, Hsuan L.: Racial Privacy, the L.A. Ensemble Film, and Paul Haggis's Crash, in: *Film Criticism*, Fall/Winter 2006, Vol. XXI, Nr. 1-2. 30th Anniversary: Special Double Issue – Complex Narratives, S. 132-156.

ICKSTADT, Heinz: „Großstadt und Maschine: Die Darstellung New Yorks in den Bildern und Texten von Joseph Stella, Hart Crane und John Dos Passos", in: ZAPF, Hubert (Hrsg.): *Amerikanische Literaturgeschichte*, Stuttgart/Weimar: Metzler 2004[2], S. 256-262.

JAAFAR, Ali: „Border Crossing", in: *Sight & Sound*, Juli 2006, S. 14-16.

KLAMT, Marlies: *Variantenfilme. Eine mehrdimensionale Untersuchung eines filmischen Erzählprinzips*, Magisterarbeit, Mainz 2009.

KLOTZ, Volker: *Die erzählte Stadt. Ein Sujet als Herausforderung des Romans von Lesage bis Döblin*, München: Hanser 1969.

KLUGE, Friedrich/SEEBOLD, Elmar (Bearb.): *Etymologisches Wörterbuch der deutschen Sprache*, Berlin (u.a.): de Gruyter, 24., durchges. und erw. Aufl. 2002.

KOEBNER, Thomas: „Short Cuts", in: ders. (Hrsg.): *Filmklassiker. Beschreibungen und Kommentare, Bd. 5 (ab 1993)*, 5., überarb. u. erw. Aufl, Stuttgart: Reclam 2006, S. 424-429.

KÖHLER, Margret: „Mitgefühl und Verständnis. Gespräch mit A. González Iñárritu", in: *Filmdienst*, 25/2006, S. 12-13.

LÄMMERT, Eberhard: *Bauformen des Erzählens*, Stuttgart: Metzler 1975[6].

LOTMAN, Jurij M.: *Die Struktur literarischer Texte*, München: Fink 1993[4].

MARSCHALL, Susanne: *Farbe im Kino*, (Edition Film-Dienst 4), Marburg: Schüren 2005.

MARTÍNEZ, Matías/SCHEFFEL, Michael: *Einführung in die Erzähltheorie*, München: Beck 2007[7].

MAUER, Roman: „Malstrom der Bilder. Die Spielfilme von Alejandro González Iñárritu", in: *Filmdienst*, 25/2006, S. 9-12.

MCKEE, Robert: *El guión: Sustancia, estructura, estilo y principios de la escritura de guiones*, Barcelona: Alba Editorial, 2009.

MIHM, Kai: „Babel", in: *epd Film* 12/2006, S. 34-35.

MÜLLER, Günthert: „Aufbauformen des Romans", in: *Neophilologus* 37:1, 1953, S. 1-14.

MUNDHENKE, Florian: *Zufall und Schicksal – Möglichkeit und Wirklichkeit, Erscheinungsweisen des Zufälligen im zeitgenössischen Film*, Marburg: Schüren 2008.

NEWMAN, Michael Z.: „Character and Complexity in American Independent Cinema: 21 Grams and Passion Fish", in: *Film Criticism*, Fall/Winter 2006, Vol. XXI, Nr. 1-2. 30th Anniversary: Special Double Issue – Complex Narratives, S. 89-106.

NÜNNING, Ansgar: „Erzähltheorien", in: ders.: *Metzler Lexikon Literatur- und Kulturtheorie*, Stuttgart/Weimar: Metzler 2002[4], S. 176-179.

NÜNNING, Vera/NÜNNING, Ansgar: „Multiperspektivität/Multiperspektivisches Erzählen", in: ders.: *Metzler Lexikon Literatur- und Kulturtheorie*, Stuttgart/Weimar: Metzler 2002[4], S. 521.

NÜNNING, Vera/NÜNNING, Ansgar: „Von ‚der' Erzählperspektive zur Perspektivenstruktur narrativer Texte: Überlegungen zur Definition, Konzeptualisierung und Untersuchbarkeit von Multiperspektivität", in: dies. (Hrsg.): *Multiperspektivisches Erzählen. Zur Theorie und Geschichte der Perspektivenstruktur im englischen Roman des 18. bis 20. Jahrhunderts*, Trier: WVT, Wiss. Verl. 2000, S. 3-38.

NÜNNING, Vera/NÜNNING, Ansgar: „Multiperspektivität aus narratologischer Sicht: Erzähltheoretische Grundlagen und Kategorien zur Analyse der Perspektivenstruktur narrativer Texte", in: dies. (Hrsg.): *Multiperspektivisches Erzählen. Zur Theorie und Geschichte der Perspektivenstruktur im englischen Roman des 18. bis 20. Jahrhunderts*. Trier: WVT, Wiss. Verl. 2000, S. 39-77.

PRASSLER Anna: *Narration im neueren Hollywoodfilm. Die Entwürfe des Körperlichen, Räumlichen und Zeitlichen in* MAGNOLIA, 21 GRAMS *und* SOLARIS, Stuttgart: Ibidem-Verlag, 2008.

QUART, Alissa: „Networked", in: *Film Comment* 41, no. 4, 2005, S. 48-51.

RABENALT, Peter: *Filmdramaturgie*, Berlin 2004.

REAL ACADEMIA ESPAÑOLA: *Diccionario de la lengua española*, Madrid 2001[22], konsultiert auf: http://drae.rae.es am 04.03.2010, 10:45.

RAMÍREZ BERG, Charles: „A Taxonomy of Alternative Plots in Recent Films: Classifying the 'Tarantino Effect'", in: *Film Criticism*, Fall/Winter 2006, Vol. XXI, Nr. 1-2. 30th Anniversary: Special Double Issue – Complex Narratives, S. 5-61.

ROSEFELDT, Martin: „Babel. Mexikos Regie-Superstar Alejandro Gonzáles [sic!] Iñárritu und sein drei Kontinente und vier Geschichten umspannender, monumentaler Episoden-Film ‚Babel'", in: *Die Zeit* vom 02.02.2009, konsultiert auf: http://www.zeit.de/online/2006/22/cannes-babel am 28.03.2010 um 22:17.

ROTHER, Rainer: „'Jahrtausende sausen vorüber'. Episode und Epoche im stummen Film", in: RÜFFERT, Christine/SCHENK, Irmbert/SCHMID, Karl-Heinz/TEWS, Alfred/Bremer Symposium zum Film (Hrsg.): *Zeitsprünge. Wie Filme Geschichte(n) erählen*, Berlin: Bertz+Fischer 2004, S. 162-169.

ROTHER, Rainer: „Modern Times", in: KOEBNER, Thomas (Hrsg.): *Filmklassiker*, Bd. I, 1913-1946, Stuttgart: Reclam 2002, 4. durchgesehene und erweiterte Auflage, S. 344-349.

SCHLAEGER, Jürgen: „Interdisziplinarität", in: NÜNNING, Ansgar: *Metzler Lexikon Literatur- und Kulturtheorie*, Stuttgart/Weimar: Metzler 2002[4], S. 324-325.

SCHLICHTING, H. Joachim: *Der flatterhafte Falter der Chaosphysik – Anmerkungen zum Schmetterlingseffekt*, konsultiert auf: http://www.uni-muenster.de/imperia/md/content/fachbereich_physik/didaktik_physik/publikationen/fafalt_chaosphysik.pdf am 17.04.2010 um 22:34.

SCHÖSSLER, Daniel: „Episodenfilm", in: KOEBNER, Thomas (Hrsg.): *Reclams Sachlexikon des Films*, Stuttgart: Reclam 2002, S. 144-145.

SCHOLZE-STUBENRECHT, Werner (Projektleiter): Duden „Das große Wörterbuch der deutschen Sprache": in zehn Bänden, Mannheim: Bibliographisches Institut, 3., völlig neu bearbeitete und erweiterte Auflage 1999, Bd. 3, S. 961-1440.

SCHREITMÜLLER, Andreas: „Einleitung", in: ders.: Filme aus Filmen. Möglichkeiten des Episodenfilms, Oberhausen, Laufen 1983, S. 7-10.

SCHREITMÜLLER, Andreas: „‚Episodic, of course, but well done…'. Omnibusfilme: Motivationen, Bauformen, Kategorien", in: ders.: Filme aus Filmen. Möglichkeiten des Episodenfilms, Oberhausen, Laufen 1983, S. 31-42.

SCHREITMÜLLER, Andreas: Filme aus Filmen. Möglichkeiten des Episodenfilms, Oberhausen, Laufen 1983.

SCHULZ, Hans (begonnen von)/BASLER, Otto (fortgeführt von): Deutsches Fremdwörterbuch, Berlin (u.a.): de Gruyter, 2. völlig neu bearbeitete Auflage 2004, Bd. 5, Eau de Cologne – Futurismus, bearbeitet von Gerhard Strauß (Leitung/Redaktion).

SCHWEINITZ, Jörg: „Zur Erzählforschung in der Filmwissenschaft" In: LÄMMERT, Eberhard (Hrsg.): Die erzählerische Dimension: eine Gemeinsamkeit der Künste, Berlin: Akademie-Verlag 1999, S.73-87.

SEEßLEN, Georg: „Zeitsprünge und Zeitmosaik im neueren Kino. Eine Analyse innerer Zeitstrukturen und Zeitbilder am Beispiel David Lynch", in: RÜFFERT, Christine/SCHENK, Irmbert/SCHMID, Karl-Heinz/TEWS, Alfred/Bremer Symposium zum Film (Hrsg.): Zeitsprünge. Wie Filme Geschichte(n) erählen, Berlin: Bertz+Fischer 2004, S. 99-114.

SINGER, Ben: „Die Serials", in: NOWELL-SMITH, Geoffrey (Hrsg.): Geschichte des internationalen Films, Stuttgart/Weimar: Metzler, 2006, S. 98-104.

SOLÓRZANO, Fernanda: „Babel", in: Sight & Sound, Juli 2006, S. 16-17.

SMITH, Paul Julian: Amores Perros, London: BFI Publishing 2003.

STANZEL, Franz K.: Theorie des Erzählens, Göttingen: Vandenhoeck & Ruprecht, 2001[7].

STIGLEGGER, Marcus: „Roadmovie", in: KOEBNER, Thomas (Hrsg.): *Reclams Sachlexikon des Films*, Stuttgart: Reclam 2002, S. 514-517.

THIELE, Jens: *Verwirrende Erzählungen. Montageexpermiente im Kino Alejandro González Iñárritus*, in: SCHENK, Irmbert/RÜFFERT, Christine/SCHMID, Karl-Heinz/TEWS, Alfred/Bremer Symposium zum Film (Hrsg.): *Experiment Mainstream?: Differenz und Uniformierung im populären Kino*/Bremer Symposium zum Film, Berlin: Bertz + Fischer, 2006, S. 97-106.

THOMPSON, Kristin: *Storytelling in the New Hollywood: understanding classical narrative technique*, Cambridge, Mass. [u.a.]: Harvard Univ. Press, 2001

TOMAŠEVSKIJ, Boris: *Theorie der Literatur*, nach d. Text d. 6. Aufl. (Moskau - Leningrad 1931) hrsg. u. eingeleitet von Klaus-Dieter Seemann. Aus dem Russischen übersetzt von Ulrich Werner, Wiesbaden: Harrassowitz, 1985.

TREBER, Karsten: *Auf Abwegen. Episodisches Erzählen im Film*, Remscheid: Gardez!-Verlag 2005.

TRÖHLER, Margrit: *Offene Welten ohne Helden: plurale Figurenkonstellationen im Film*, (Zürcher Filmstudien 15), Marburg: Schüren 2007.

TYNJANOV, Jurij N.: „Über die Grundlagen des Films", in: ALBERSMEIER, Franz-Josef (Hrsg.): *Texte zur Theorie des Films*, Stuttgart 2001[4], S. 138-171.

VAN DER KLEI, Alice: „Repeating the Rhizom", in: *Substance # 97*, Vol. 31, no. 1, 2002, S. 48-55.

VOSSEN, Ursula: „Alejandro Gonzáles [sic] Iñárritu", in: KOEBNER, Thomas (Hrsg.): *Filmregisseure*, 3., aktualis. und erw. Auflage, Stuttgart: Reclam 2008, S. 343-345.

WATSON, Paul: „American cinema, political criticism and pragmatism: a therapeutic reading of Fight Club and Magnolia", in: DAVIES, John (Hrsg.): *American film and politics from Reagan to Bush Jr*, Manchester [u.a.]: Manchester Univ. Press 2002, S. 13-40.

III.   Internetquellen

www.imdb.com

www.oscars.org

www.boxofficemojo.com

http://www.21-grams.com/index.php?c=2 (offizielle Homepage zum Film) (konsultiert am 24.11.2008, 01:34)

FILM- UND MEDIENWISSENSCHAFT

Herausgegeben von Irmbert Schenk und Hans Jürgen Wulff

ISSN 1866-3397

Abonnement

Hiermit abonniere ich die Reihe **Film- und Medienwissenschaft (ISSN 1866-3397)**, herausgegeben von Irmbert Schenk und Hans Jürgen Wulff,

❏   ab Band # 1

❏   ab Band # ___

   ❏   Außerdem bestelle ich folgende der bereits erschienenen Bände:

   #___, ___, ___, ___, ___, ___, ___, ___, ___, ___, ___, ___

❏   ab der nächsten Neuerscheinung

   ❏   Außerdem bestelle ich folgende der bereits erschienenen Bände:

   #___, ___, ___, ___, ___, ___, ___, ___, ___, ___, ___, ___

❏   1 Ausgabe pro Band   ODER   ❏   ___ Ausgaben pro Band

Bitte senden Sie meine Bücher zur versandkostenfreien Lieferung innerhalb Deutschlands an folgende Anschrift:

Vorname, Name: _____

Straße, Hausnr.: _____

PLZ, Ort: _____

Tel. (für Rückfragen): _____ *Datum, Unterschrift:* _____

Zahlungsart

❏   *ich möchte per Rechnung zahlen*

❏   *ich möchte per Lastschrift zahlen*

bei Zahlung per Lastschrift bitte ausfüllen:

Kontoinhaber: _____

Kreditinstitut: _____

Kontonummer: _____ Bankleitzahl: _____

Hiermit ermächtige ich jederzeit widerruflich den *ibidem*-Verlag, die fälligen Zahlungen für mein Abonnement der Reihe **Film- und Medienwissenschaft** von meinem oben genannten Konto per Lastschrift abzubuchen.

Datum, Unterschrift: _____

ibidem-Verlag

Melchiorstr. 15

D-70439 Stuttgart

info@ibidem-verlag.de

www.ibidem-verlag.de
www.ibidem.eu
www.edition-noema.de
www.autorenbetreuung.de

9 783838 203355